JN130707

客単価3割アップ!

「ワンランク上のサロン」のつくり方

Yoshio Kenichi
由雄顕一

同文舘出版

はじめに

昨今の美容室やネイルサロン、エステティックサロンなど美容サロンの値下げ競争は目を覆いたくなるばかりです。

なぜ、値下げをするのでしょうか？

それは、「安くないと、お客様に来てもらえない」と、多くのオーナーが考えているからだと思います。

確かに、お客様にとって、安いに越したことはありません。

しかし、サロンにお客様が来ないのは、「安くないから」でしょうか？

でも、サロンに何の特長もなく、安さしかウリがないというなら、仕方がないでしょう。

でも、「自店のウリ」があるのにもかかわらず、「安くないから、お客様が来ない」と考えるのは、実にもったいないことです。

あなたは、自店のウリをお客様に伝えていますか？　そして、それはお客様にきちんと伝わっていますか？

お客様に伝えていないのなら、それは「ない」のと同じです。

サロンのウリが伝われば、それを求めるお客様は安くなくても、来るはずです。

例えばネイルサロンなら、「ケアがどこよりもしっかりしている」というウリがあれば、安くなくても、ケアを重視するお客様は来るはずです。

あるいは、くせ毛に悩んでいるお客様が、「当店は高いですが、くせ毛でも思い通りの髪型になるカットが得意です」とホームページのキャッチコピーを見たら、どうでしょうか？

きっと、それを願っているお客様は、安くなくても来るはずです。

本書は、安くなくても、いや、高くても来てくれるお客様であふれるサロンのつくり方をお伝えしています。

それは机上の空論などではなく、私が15年間のネイルサロン経営や、美容サロンのコンサルティングで実践してきたものばかりです。

ご紹介が遅れました。由雄顕一と申します。

私は、今から15年前にネイルサロンをオープンしました。

といっても、私はネイリストではありません。友人のネイリストがネイルサロンを開きたいというので、私が経営を見ることになったのです。

当時の私は別の仕事をしていたので、最初は片手間でネイルサロンを経営していました。スタッフなどはおらず、友人のネイリストが1名の個人サロンでした。


オープンから2年ほど経って、ソークオフジェル（溶液で落とすジェル）という新しい商材が発売になりました。これはお客様にとって優れたものであり、利便性もあったので、私は「これは流行るな。広めたいな」と思いました。

そこからです。私がネイルサロン経営に本腰を入れたのは。


実は、当サロンは今でこそ高単価サロンですが、当時はどこよりも安い、低価格サロンでした。だから、集客には困りませんでした。

ところが、少し経って気がつくと、他店も同じように値段を下げ、さらに低価格サロンの出現により、当社のほうが高いという状況になってしまったのです。

当サロンも、もっと値下げをしようかと悩みました。

しかし、「いや、待てよ。そんなことをしたら、泥沼にはまり込んでしまう」と危機感を抱いたのです。

そこで私は、他店より高いけど、お客様に来てもらえるものはないだろうか、と模索しました。

それで実施したのが、「来店ごとに砂漠に1本植林ができる」という取り組みです。施術代金の一部を、砂漠で植林をしているNPO団体に寄付するというものです。ホームページでこの取り組みを発信したところ、その効果は明らかでした。どこのネイルサロンにしようかと迷っている時に、これが決め手となって来店するお客様が多数いらっしゃったのです。

私は、ふと気がつきました。

これらのお客様は、「安さ」では来店していないのです。

どうせネイルサロンに行くなら、植林などの活動をしているようなサロンがいい。他ではない優越感や感動を味わえるのなら、値段が高くてもいい。もっと言うと、高いお金を払わないと、そうしたものは手に入らないことを知っているお客様でした。

この経験がきっかけで、私はそれまでの低価格サロンの経営方針を捨て、高単価サロンを目指すようになりました。

お客様が満足するのは、どんな時か、どんなサービスかを追求し、一つひとつ実践していきました。そして、客単価は少しずつ上がり、今では、客単価が1万円を超える高単価ネイルサロンになったのです。

「客単価アップをしましょう！」と言うと、価格を上げる、つまり安くないと、お客様が来なくなって売上が下がってしまう……という心配をする方が多いのですが、むしろ逆です。

客単価を上げることで、当サロンはたくさんのメリットを得ることができました。

・質のいいお客様であふれる
・クチコミでお客様が来てくれる
・キャンセルやクレームが減る
・スタッフが成長する

・価格競争に巻き込まれない
・安定的に経営ができる

私がコンサルティングをしたサロンでは、こんなことがありました。

集客が少ない、値下げ競争に巻き込まれている……という二重苦で悩むリラクゼーションサロンでした。

相談に乗っている中で、出産経験のあるオーナーが「妊娠中に腰の痛みや足のむくみがひどく、つらかった。でも、マッサージを受けるのが怖くて受けられなかった」とポツリと言いました。

私はピンときて、マタニティに特化したサロンにしようと提案しました。

妊婦なので普通のマッサージを受けるのは心配なはず。そこで、妊婦の身体を知りつくしているオーナーによる、妊婦に優しいマッサージを提供するサロンを目指すことにしました。

宣伝は、産婦人科や妊婦さんが集まるコミュニティで発信しました。

すると、メニュー価格を1割以上高くしましたが、「マッサージは受けたいけど、妊娠中は怖い」という妊婦さんがどんどん来店してくれたのです。

客単価を上げる場合、最も重要なのが、自店のターゲットを絞り込むこと。このリラクゼーションサロンがお客様を妊婦に絞ったように、ターゲットは、絞れば絞るほど効果的です。ターゲットが明確になれば、客単価アップは半分実現したも同然です。

本書では、

①お客様を決める
②ウリを磨く
③価格以外のコストを下げる

これら価格アップの3つのステップを具体的にお伝えしていきます。

なお、このリラクゼーションサロンは、以前と比べて客単価が3割以上アップしました。今では、妊婦へのマッサージだけではなく、産後ケアやベビーマッサージも行なっています。

スタッフの数も増え、お給料も増え、そして笑顔が増え、オーナーは経営が楽しいと言っています。

本書に書かれている3つのことを実践すれば、客単価が着実にアップし、しかも幸せに経営できる「ワンランク上のサロン」になれるでしょう。

本書を通し、価格競争で疲弊しているサロンのオーナーの皆様が、少しでも笑顔になっていただけたら、こんなにうれしいことはありません。それを切に願っております。

株式会社ＲＣＰ代表取締役　由雄顕一

Contents

『客単価3割アップ！「ワンランク上のサロン」のつくり方』目次

Contents

Contents

Contents

Chapter 5 客単価3割アップを目指す値上げの具体策

Contents

Chapter 6

お客様に通い続けてもらう次回予約の工夫

Contents

Chapter 7
ワンランク上のサロンのスタッフ育成

Contents

Contents

イラスト
山﨑美帆
カバー・本文デザイン、DTP
池田香奈子
編集協力
長谷川 華

Chapter 1

高くても、お客様が喜んで通ってくれるサロン３つのカギ

Lesson 1

「高くても、また行きたい」と思ってくれるお客様がいる

安ければ、お客様は満足してくれる？

「客単価を上げましょう」。こう言うと、多くのサロン経営者は、お客様が来なくなってしまうのではないかと心配します。でも、実際はそうではありません。私がオーナーを務めるサロンは価格設定が全国平均よりかなり高めですが、お客様は「ここのサロンは高い」と言いながらも、通ってくださっています。なぜなら、高くてもそれだけの価値があると思っているからです。

高い料金を払うことに満足感を覚えるお客様は、10人に1人はいます。多くのサロン経営者は、お客様は価格が安ければ満足すると思っていますが、実はそうではないお客様もたくさんいるのです。

価格が高いサロンに通うお客様には、「私は、これだけのお金を出せるのよ」という優越感が生まれます。高級ブランドのバッグと一緒です。価格が高いことがステータスになっているのです。

感動を味わいたいから、サロンに来る！

そのようなお客様に満足していただくには、サロンのクオリティを上げることが必須です。技術はもちろん、メニュー、接客、サービスなど、すべてにおいて「特別感」や「感動」を与えるほどのクオリティを提供するのです。

お客様は、「特別感」や「感動」を味わうことで、価格以外のところで価値を見出してくれます。本書では、実際に成果の出た「高くても、また行きたい」と思っていただける、ちょっとした工夫をお伝えしていきます。

価値は価格以外にもある

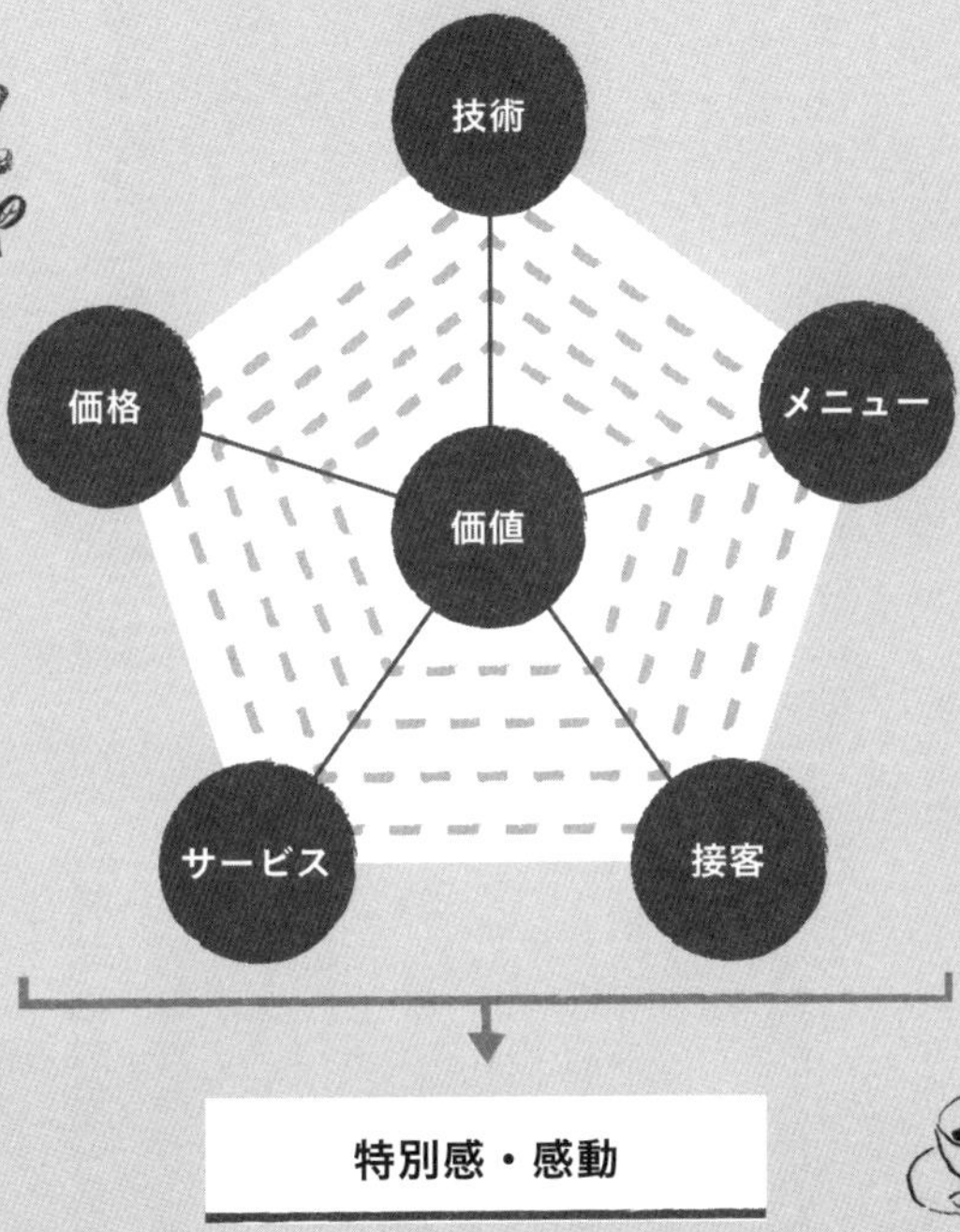

POINT

技術・メニュー・接客・サービス・価格……
すべてにおいてクオリティが高ければ
お客様は満足してくれる!

Lesson 2

幸せサロンにするための3つのカギ

理想的なサロンづくりに必要な3つのこと

お客様に「特別感」や「感動」を与え、価値を感じてもらえるサロン経営をするためには、3つのカギがあります。1つ目はお客様を決めること、2つ目はウリをもっと磨くこと、3つ目は価格以外のコストを下げることです。

①お客様を決める

誰でもいいから来てほしいというのではなく、「こんなお客様に来てほしい」という顧客像を定めます。

②ウリを磨く

お客様は他のお店ではできない経験・体験ができ、それが「特別感」や「感動」を味わうことにつながります。

③価格以外のコストを下げる

お客様が払うコストは価格だけでしょうか？　実は、価格以外にも、お客様が払うコストはたくさんあります。

例えば、お客様の「時間」や「手間」、「面倒なこと」、さらには「ストレス」もコストです。詳しくは4章でお話ししますが、価格以外のコストを下げることで、価格を下げなくて済むのです。

お客様もスタッフも幸せになる！

この3つが高い価値を生むカギとなります。

もし現在、価格競争に疲弊してしまっているのなら、今すぐこの3つのカギを実践してください。お客様もステータスを感じられ、スタッフも喜びを感じられる幸せサロン経営が実現できるはずです。

ワンランク上のサロンをつくる3つのカギ

❶ お客様を決める

「こんなお客様に来てほしい」という顧客イメージを明確にする。

❷ ウリを磨く

ウリは、他のお店ではできない経験・体験ができる差別化ポイント。「特別感」や「感動」を生み出す。

❸ 価格以外のコストを下げる

お客様のコストを下げること。お客様の時間・手間・不満・不安・ストレスなどもコスト。各コストを下げることで、価格を下げなくて済む。

POINT

価格競争に巻き込まれず、

お客様もスタッフも幸せになる！

Lesson 3

サロンの「ウリ」は立派な差別化

「ウリ程度」で終わらせていませんか?

私はセミナーなどで、よく「あなたのサロンのウリは何ですか?」という質問をしています。そうするとほとんどの方が「○○です」とすぐに答えられます。

ところが、「あなたのサロンは、何で差別化をしていますか?」と聞くと、「そこまでのものはありません」という答えが返ってくることが多いのです。この違いは何でしょうか?

「ウリ」では答えられるのに、「差別化」になると答えられない。それは、ウリが「ウリ程度」で終わっているからです。ウリ程度の認識しか持っていないということなのです。

他店よりちょっと優れているだけでいい

具体的には、サロンのウリが「技術が高い」だとすると、「だからお客様は来るよね」で終わってしまっています。そうではなく、「技術が高い。だから価格が高い」にしないといけません。

差別化というと「他店にないもの」と考えがちですが、同じ業態であれば、自店にあって他店にないものというのは、そうそうありません。あるのは他店より優れているかどうかです。

もし、あなたの店が他店より優れているのなら、価格を高くして、差別化しましょう。特に美容業は他の業界と比べて、この認識に欠けていると感じます。「ウリ=差別化」です。あなたのサロンのウリを価格に反映させ、他店と差別化しましょう。

あなたのサロンのウリは何ですか？

ウリ ＝ 差別化 ＝ 価格アップの理由になる！

ウリはあるのに、**差別化ポイント**はない？

↓

ウリ＝差別化ポイントがある。だから**高い**。

POINT

他店よりちょっと優れている
だけで、十分価格を
上げられる！

Lesson 4

値上げしても来てくれるお客様はいる

価格は1割ずつ上げる

「価格を上げたら、お客様が来なくなるのでは？」と不安になり、なかなか価格を上げることができないという声をよく聞きます。もちろん、いきなり大幅な値上げをすると、既存客が一気に減ってしまうでしょう。

本書では、まず価格を1割上げてみることからおすすめしています。価格を上げることで、離れていくお客様が1割は出たとしても、価格が1割上がれば、全体の売上はそれほど変わりません。

最初は少し売上が落ちるかもしれませんが、心配しなくても大丈夫です。なぜなら、客単価が上がった分、1人当たりの利益は増えているからです。

また、件数は減るとはいえ、価格が上がっても新規のお客様はいらっしゃいます。しかも、そのお客様はウリで来られているので、リピート率は以前より格段に高いです。実際、値上げしてから半年くらいで「あんまり売上が変わらないな」と実感してもらえるはずです。さらに、以前と同じ売上でも、利益が増えていることを目の当たりにすると思います。

きちんと周知すれば納得してくれる

また、価格を上げる3カ月くらい前から「なぜ、価格を上げるのか」を周知してください。そうすれば、お客様は納得して通い続けてくれます。

具体的には、「爪に優しいジェル」がウリだったら、「もっといいジェルを使うことになったから」と伝えれば、爪への負担を気にしているお客様は価格が上がっても離れていきません。

価格を1割アップした時のシミュレーション

Before

1日に単価5,000円のお客様が10人

5,000円 × 10人 ＝ 50,000円

↓ 1割値上げすると…

After

1日に単価5,500円のお客様が9人

5,500円 × 9人 ＝ 49,500円

1割UP　1割DOWN

POINT

客数が減っても

心配しなくて大丈夫！

Lesson 5

クーポンによる値下げ競争から抜け出そう

安くないとお客様は来てくれない？

お客様を増やそうと思ったり、お客様が減ってきたので困った時、多くのサロンは「価格を下げる」ことを行ないます。

手っ取り早いのは安いクーポンを出すことでしょう。例えば、隣のサロンが2割引クーポンを出していたら、自分のところは3割引クーポンを出すなど。

しかし、自分のところが価格を下げれば、今度は他店も「もっと安くしよう」となり、どんどん価格競争の渦に巻き込まれてしまいます。

集客サイトをうまく活用しよう

とはいえ、今の時代、クーポンなどを発行せずに、自店だけの力で集客するのも至難のワザ。特に、大手美容情報サイト「HOT PEPPER Beauty」は9割のサロンが利用しており、掲載しないと新規のお客様が来ないという現状があります。

当サロンの場合も、新規客の9割は「HOT PEPPER Beauty」経由でいらっしゃいます。しかし、当サロンのクーポンは、1万2000円の通常価格が1万1200円になる程度。クーポンでお客様を釣っているわけではありません。クーポンを出しているのは、そうでないと検索順位が上位にならないからです。

本書でお伝えしているのは、こうしたクーポンを乱発せずに集客する方法です。

クーポンに頼り、価格を下げ合っていると、最終的には閉店に追い込まれます。クーポンに振り回されないように注意しましょう。

クーポンで値下げする必要はない

すべて
初来店の方
2回目以降来店の方
クーポン 6 件 メニュー 24 件 あります
1/1ページ
ネイルアール 調布店(R)のクーポン
新規
ジェル
【ラメグラデーション】7340円→6590円
¥6,590
華やかな印象の上品デザイン☆　※ファイリング・ドライケア込み（アート代は別となります。）★ご新規様はカウンセリングのため目安時間より+30分いただいております。
提示条件：予約時＆入店時
利用条件：新規限定/他券併用不可
有効期限：2018年08月末日まで
このクーポンで空席確認・予約する
+メニューを追加して予約
新規
ジェル
【グラデーション】6800円→6050円
¥6,050
爪先に向かって濃くなっていく人気のデザイン♪　※ファイリング・ドライケア込み（アート代は別となります。）★ご新規様はカウンセリングのため目安時間より+30分いただいております。
提示条件：予約時＆入店時
利用条件：新規限定/他券併用不可
有効期限：2018年08月末日まで
このクーポンで空席確認・予約する
+メニューを追加して予約
新規
ジェル
【逆フレンチ】9500円→8530円
¥8,530
色面が多く、短いお爪にもピッタリ！　※ファイリング・ドライケア込み（アート代は別となります。）★ご新規様はカウンセリングのため目安時間より+30分いただいております。
提示条件：予約時＆入店時
利用条件：新規限定/他券併用不可
有効期限：2018年08月末日まで
このクーポンで空席確認・予約する
+メニューを追加して予約
新規
ジェル
【深フレンチ】8420円→7450円
¥7,450
深めのフレンチなので伸びた時も氣になりません♪　※ファイリング・ドライケア込み（アート代は別となります。）★ご新規様はカウンセリングのため目安時間より+30分いただいております。
提示条件：予約時＆入店時
利用条件：新規限定/他券併用不可
有効期限：2018年08月末日まで
このクーポンで空席確認・予約する
+メニューを追加して予約

POINT

当サロンのクーポンは、大きな値引きはしていない。
クーポンで集客しているわけではないので、
そもそも値引き目当てのお客様が来なくなる。

Lesson 6

「お客様が入れ替わってもいい」という覚悟を持つ

価格に納得してくれるお客様を育てる

極端な話、理想的なサロン経営を目指して値上げを決行する時は、今まで来てくださっていたお客様がゼロになってもいいと思っています。その代わり、高価格帯のお客様を新規で集めればいいのです。そういう意味では、お客様がすべて入れ替わってもいいのです。

そうはいっても、既存客は大事なお客様ですよね。そこで、高価格でも自店のウリや価値を見出してくれるお客様を育てていくことも必要です。

「育てていく」というのは語弊があるかもしれませんが、「価格が一番。安いに越したことはない」ではなく、「価格が高くても、いいサービスを受けたい」「この内容だから、価格が高いのは当然」という価値観を持っていただくようにするのです。

お客様層をシフトチェンジしよう

私のサロンでも、以前は8000円でも高いと思っていたお客様がいっぱいいましたが、今は平気で1万円以上出してくださいます。それは、サロンの品質やサービスに満足しているからです。

ですから、価格を上げても新規のお客様も来てくださるし、既存のお客様もちゃんと育てていけば、何も怖くはありません。

もちろん、価格の変化によって離れていくお客様も出てきますが、このシフトチェンジによってさらにいいお客様が来てくれて、しかも既存のお客様の3分の1～2が残ってくれれば、ちゃんと売上も利益も確保できるのです。

お客様を育てていく

Before

価格が一番

安いに
越したことはない

After

この内容だから、
価格が高いのは当然

価格が高くても、
いいサービスを受けたい

POINT

既存客を育て、
価値に納得してくれる新規客を増やしていけば、
ちゃんと売上も利益も上がる！

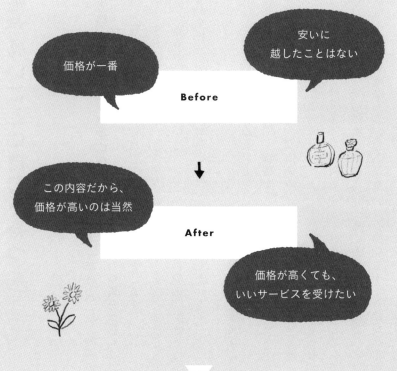

Lesson 7

価格が高いことに自信を持つ

同じ技術でも価格が高いほうが上手に感じる

例えば、同じ材料と同じ調理方法でつくった中華丼があったとします。片方には800円、もう片方には1500円という価格がついていました。

さて、どちらをよりおいしいと感じるでしょうか?

おそらく、1500円の中華丼のほうをおいしいと感じる人が圧倒的に多いはず。それは、「価格が高いほうが、おいしいはずだ」という先入観があるからです。

実は、サロンのメニューも、これとまったく同じです。同じ素材を使い、同じレベルの技術だったとしても、価格が高いほうがお客様はうまいと感じるのです。

そうなると、逆説的ですが、スタッフは「価格に見合った技術を提供しなければいけない」と思うので勉強をします。

それをまた、価格として上乗せして可視化することで、お客様に技術を高く評価してもらうという好循環が生まれます。

価格を上げるメリットは他にも

また、「技術だけではなく、サービスの質も上げなければいけない」と思うようになります。つまり、スタッフの成長にもつながるのです。

価格を上げることで、ワンランク上のお客様に来ていただき、同時にスタッフの技術も向上し、売上も伸びる……これが私の幸せサロンの経営方法です。

次章から、具体的に説明していきましょう。

幸せサロンの経営方法

価格を上げる

↓

お客様にきちんと
評価してもらえる

↓

ワンランク上のお客様が集まる

↓

スタッフの技術や
サービスの質が上がる

↓

利益・売上アップ！

POINT

自信を持って
価格を上げよう！

Chapter 2

「お客様は誰か？」を決める

Lesson 1

お客様を増やそうとすると単価が下がる？

単にお客様を増やそうとしてはいけない理由

無農薬の国産大豆を使い、無添加で、製法や保存方法にこだわりを持ってつくっているお味噌屋さんがあったとします。1kg3000円でネット販売しています。びっくりするくらい高いですが、健康志向のお客様から人気が出ました。

そこで、もっと幅広いお客様層を狙って、売上を伸ばそうと思い、大量生産品の398円の味噌を売り出したら、どうなるでしょうか？

3000円の味噌の売上は確実に減り、客単価は398円に限りなく近づいてしまうはずです。

なぜなら、3000円の味噌を買うお客様は、つくり手のこだわりや理念に共感しており、そういう値段の高い味噌を販売しているお店から買うことにステータスを感じていたからです。398円の味噌も売っているところからは、もう買いたくないと思うでしょう。

高単価のお客様は金額にステータスを感じる

サロンも同じです。客単価1万円のサロンで、お客様を単に増やそうと2980円のお得なコースをつくったり、予約表が空いているからといって割引クーポンを出したりすることがよくあります。

そうすると、あっという間に予約は埋まるでしょう。でも、やがて2980円のお客様ばかりが来るサロンとなり、残念ながら1万円のお客様はいなくなってしまいます。

金額にステータスを感じている高単価のお客様は、同じお店に低単価のお客様が来ていたら嫌なのです。

低単価メニューで客数を増やそうとしてはいけない

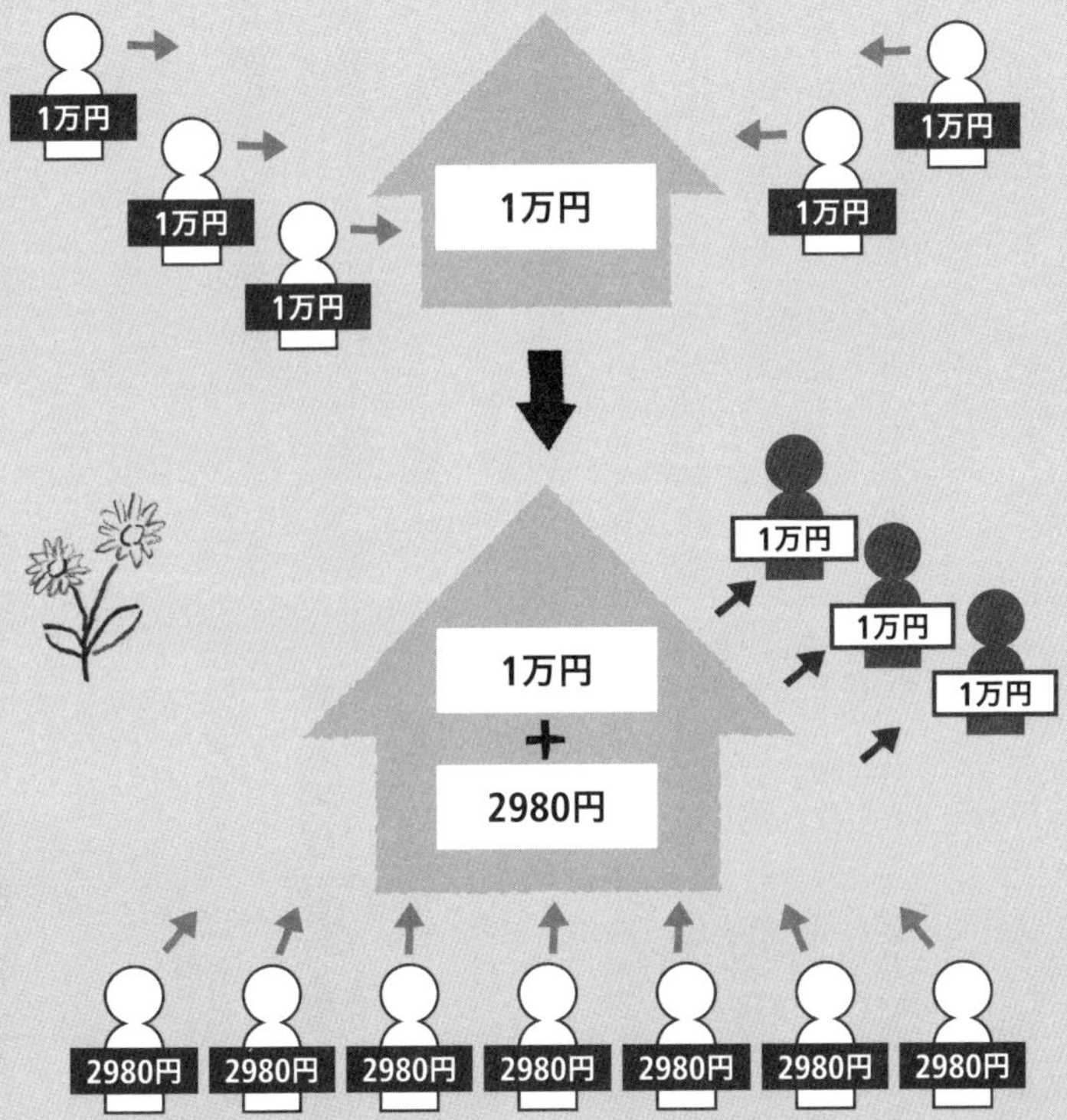

POINT

低価格メニューを設けたとたん、
客数は増えるが、高単価客は去って行き、
客単価は下がってしまう。

Lesson 2

原価からではなく、お客様から価格を決める

価格を原価から設定する必要はない

前項の1kg3000円する、こだわりの味噌。原価は500円くらいかもしれません。もし原価から販売価格を決めると、通常の計算では、利益を6割上乗せして800円でも十分利益が出ます。

でも、このお店がターゲットとしているお客様は800円の味噌を買わないでしょう。「私は健康志向で、高いけど特別な味噌を買っている」といったステータスを感じないからです。

サロンの価格は、原価から決める必要はありません。「うちがターゲットとしているお客様はこういうお客様だから、この価格にする」というように、顧客層から決めるのです。30万円のルイ・ヴィトンのバッグの価格は、原価から決めていますか？　違いますよね。それと同じです。

お客様はまず価格から店を選ぶ

お客様がサロンを探す時は、「このくらいの値段のサロンに行きたい」と、あらかじめ決めて探します。例えば、「8000円くらいのネイルサロンに行きたい」時にネット検索した場合、3980円の安いサロンが出てきたとしても、すぐにスルーします。予算より高い1万2000円のサロンも同様です。8000円のサロンが出てきて初めて、どういうサロンか、どんなデザインがあるか、ウリが何かなどを調べるのです。そして、それが自分の望むものであれば予約をします。

お客様が、そこがどういうサロンかを知ろうとする時、最初に見るのが価格なのです。

ターゲットに合った価格の決め方

× 原価 ＋ 利益 → 安さをウリにした価格

○ 原価 ＋ 価値 → ターゲットに合った価格

POINT

安さで満足しないお客様もいる。
価値が伝わる価格設定をしよう！

Lesson 3

ターゲットとなるお客様をイメージしてみよう

●ターゲットはなるべく詳細に設定する

ここまで、価格は顧客から決めるということをお話しましたが、では、具体的にどんなお客様をイメージすればいいのでしょうか？

あるサロンでは、

「東京都狛江市在住、主婦42歳。夫は一流企業に勤める商社マン。中2の長女と小6の長男がいる。趣味はテニスとヨガ、週に3回、午後2時～4時までテニスクラブに通う。週末にはヨガスタジオで汗を流す」

と、ここまで絞り込んでいます。

いわゆる郊外の新興住宅地に住み、お金と時間に余裕があり、健康に対する意識が高くて見栄やプライドがある専業主婦をターゲットにしているのです。

●あなたのサロンのお客様像を書き出そう

もちろん、お店には〝狛江市在住の主婦42歳〟以外の方も多くいらっしゃいます。本当にそのお客様だけしか来ないかといったら、そうではないのは明白です。60歳の方も25歳の方も、女性も男性も来るわけです。

しかし、サロンの軸をぶれないようにするために、どんなお客様に来てほしいのか、そして、そのお客様に見合った商品や価格はどんなものなのかを、具体的に詳しくイメージをすることが大事です。

あなたのサロンで、競合店より少し高いお金を出すお客様は、どんなお客様でしょうか？

年代、環境、職業、趣味などをイメージし、書き出してみましょう。

サロンに来てほしいお客様はどんな人?

Q 性別

[　　　　　　　　　　　　　　　]

Q 年齢

[　　　　　　　　　　　　　　　]

Q 職業

[　　　　　　　　　　　　　　　]

Q 住んでいる場所

[　　　　　　　　　　　　　　　]

Q 家族構成

[　　　　　　　　　　　　　　　]

Q 趣味

[　　　　　　　　　　　　　　　]

Q こだわり

[　　　　　　　　　　　　　　　]

Lesson 4

ワンランク上のお客様に絞るメリット①

価格競争に巻き込まれない価格帯にしよう

どうして、ワンランク上のお客様に絞るべきなのでしょうか？　その理由の1つ目は、「高価格帯にはライバルが少ない」からです。

当サロンは左ページのピラミッドで言うと、Cの価格帯をメインにしています。経営している4店舗とも、店舗の周辺に同じ価格帯のネイルサロンがありません。つまり、ライバル店がいないということです。

C層に入るお客様は、だいたい10人に1人の割合ですが、その10人に1人のお客様が行く場所が、現状は当店しかないわけです。

そうなると、顧客が10人に1人しかいなくても、それを総取りしていることになります。経済用語でいう「ブルーオーシャン」です。

ところが、層は顧客がいっぱいいても、ライバル店もいっぱいあるので、競争が激しくなります。集客にしのぎを削っている状態、まさに「レッドオーシャン」です。

どちらで商売をしたいかといったら、もちろん「ブルーオーシャン」ですよね。

客単価が高い層ほどライバルがいない

この三角形の上に行けば行くほど、ライバル店は少なくなっていきます。

今は客単価5０００円のサロンでも、少しずつ客単価1万円以上を目指して値段を上げていくうちに、お客様の奪い合いがどんどん減っていくことが実感できるでしょう。

客単価別・お客様のピラミッド

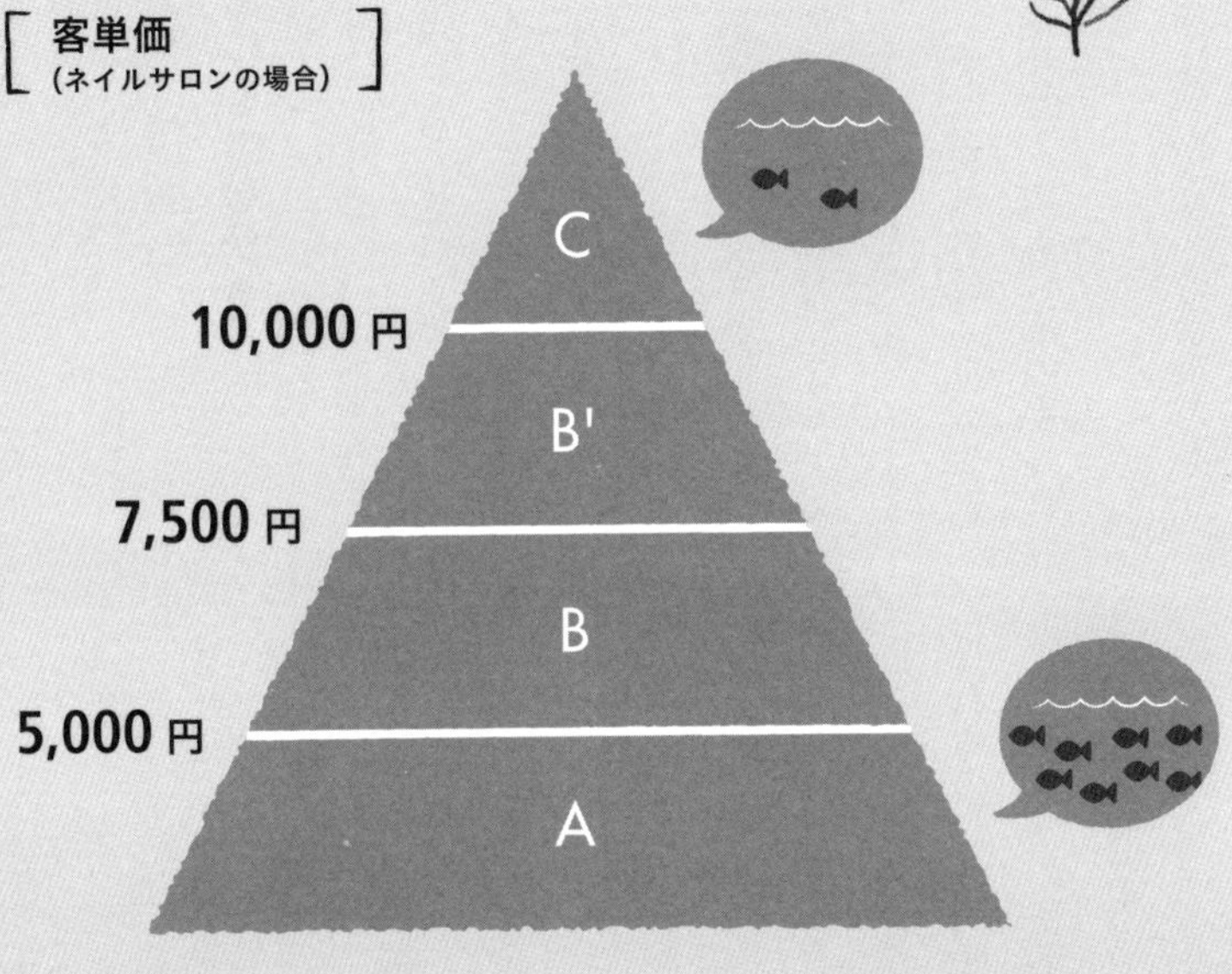

POINT

高価格帯の客数は少ないが、
競わずに総取りできる。

Lesson 5

ワンランク上のお客様に絞るメリット②

安定的なサロン経営にもつながる

私は基本的に、サロン経営がうまくいかないのを景気のせいにするのは間違いだと思っています。ただ、A層とC層のサロンを比べて、どちらが景気の影響に左右されるかというと、私の経験上ではA層のように思います。

A層のお客様は価格に敏感です。できれば安いに越したことはないと考えています。場合によっては、サロンに通うのをお休みしてもよいと考えています。

例えば、旦那さんのボーナスが減れば、真っ先に削るもののひとつがネイルサロンです。爪の手入れは自分でもできるからです。

ところが、C層のお客様は、金銭的に余裕があり、サロンに通う価値がわかっているので、景気に左右されにくいのです。だから、高価格帯のお客様にシフトしていくことをおすすめしているのです。

スタッフの待遇改善ができる

売上が増え、利益が増えれば、スタッフに還元できます。

例えば、給料を上げるとか、福利厚生を充実させるなどです。また、スタッフ教育に資金も回せます。

私がワンランク上のお客様であふれるサロンを志向した一番の理由は、そのほうがスタッフは幸せになれると思ったからです。

スタッフの待遇がよくなり、回転重視であくせくと働く必要もなく、お客様から勉強させてもらえる。そんな幸せなことはないと思います。

A層とC層のお客様の違い

A層

- ライバル店が多い
- リピート率が低い
- 景気の影響を受ける
- 高技術をそこまで要求しない
- スタッフへの関心が薄い
- 回転重視の接客になる
- 薄利多売になる
- 遅刻が多いなど時間にルーズ
- 高価格帯のお客様を紹介してくれることは少ない
- クレームやキャンセルが多い

C層

- ライバル店が少ない
- リピート率が高い
- 景気の影響を受けにくい
- 高技術を評価してくれる
- スタッフの待遇改善ができる
- スタッフが勉強させてもらえる
- スタッフが成長させてもらえる
- 接客重視のゆとりある施術ができる
- 遅刻が少ないなど時間に正確
- 高価格帯のお客様を紹介してくれる
- クレームやキャンセルが少ない

Lesson 6

ワンランク上のお客様に絞るメリット③

いいお客様はいいお客様を呼んでくれる

どうしてワンランク上のお客様に絞るのか？　その理由の2つ目は、「お客様は自分と同じような人を紹介してくれる」からです。

C層のお客様はC層の人を紹介してくれます。逆もしかりで、A層のお客様が紹介してくれるのはA層のお客様で、決してC層のお客様ではありません。

質のいいお客様は質のいいお客様を紹介してくれるので、サロン全体のお客様の質がどんどんよくなります。そうすると、余計なストレスやトラブルも減っていきます。

当サロンも、A層のお客様が多かった頃はクレームも多く、予約のキャンセルも当たり前にありました。しかし、C層のお客様に絞った今、クレームやキャンセルがかなり少なくなったと実感しています。

お客様から勉強させてもらえる

また、C層のお客様はビジネスで成功した人や波乱万丈の人生を送った人、才能豊かな人などが多いように思います。そんな方々からいろいろなお話が聴けて、逆にスタッフが勉強させてもらっています。

当サロンで何か新しい取り組みを始めると、「それすごいね」「大事なことだね」とすぐに気づいてくれます。新人でまだまだなのに、気遣って「あなた若いのにしっかりしているね」と褒めてくれます。そして、ある時はこちらのミスをクレームなどではなく、本気で叱ってくれます。

スタッフがお客様から成長させてもらっていると私は強く実感しています。

いいお客様はいいお客様を呼ぶ

POINT

いいお客様が集まると、
スタッフが成長させてもらえる。

Lesson 7

1人のスタッフが施術できるお客様数には限界がある

1人のスタッフが施術できるのは月に何人？

そもそも、ネイルサロンや美容サロンは、典型的な労働集約型産業です。商品を並べておけばお客様が買ってくれるというわけではなく、1人のスタッフが1人のお客様に「労働」を提供し、その対価としてお金をいただくわけです。

サロンの売上をアップするには、たくさんのお客様に来てもらうことが大切ですが、だからといって、数人しかスタッフがいないお店に、月1000人のお客様が来ても、全部のお客様を施術することはできません。

当サロンでは、1人のスタッフが1カ月に施術できるのは110人が限度です。110人だとすると、1日5人×22日。1人90～120分のメニューだとすると、当然、毎日残業しないとこなせません。

1人のスタッフができることには限界があります。お客様を絞る意味は、ここにもあります。

お客様数に余裕があれば、接客も丁寧になる

価格を下げれば、1人のスタッフがその分、多くのお客様を施術しないと売上は上がりません。それでワンランク上のサービスができるでしょうか？

既にお伝えした通り、価格を上げれば、お客様が減っても売上は変わりません。むしろ、1日に施術する人数が減ることで十分な接客ができ、お客様に満足してもらいやすくなります。

自分のサロンで、1人のスタッフが1日に何人施術すれば、いくらの売上になるか、一度試算をして、経営を見直してみてください。

1人のスタッフが施術できる限度数は？

（1ヵ月の目標売上　　　円）
÷
（客単価　　　円）×（月の勤務日数　　　日）
＝（1日の客数　　　人）

POINT

価値のある接客をするために、
1日に何人のお客様が限度かを
決めておこう。

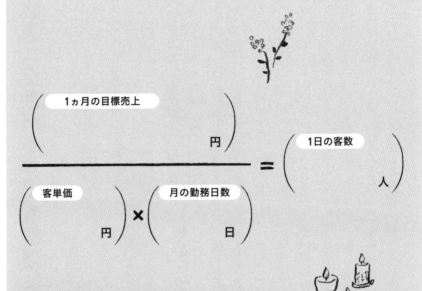

Lesson 8

予約表に空きがあっても無理に埋めない

空き時間にワンランク上のスキルを磨こう

当サロンでも、平日の時間帯によっては、予約表に空きがあります。もし、そこを埋めようとするなら、安いクーポンメニューを出せば、あっという間に埋まります。しかし、それは絶対にしないようにしているということは、既にお話をしました。お客様を単に増やそうと思うと、客単価が下がってしまうからです。

では、その空き時間をどうするかというと、スタッフのスキルアップをする時間に使っています。新人教育やスタッフ育成にとって、大切な時間です。

美容業界では、居残り練習やサービス残業が常識のようになっていますが、当サロンでは居残り練習などせずに、予約の入らない空き時間に練習をするようにしています。

他にも、SNSをアップしたり、チップをつくったり、やることはいくらでもあります。

とにかくきちんと実行し続けることが大事

繰り返しになりますが、この穴を埋めるために安いクーポンは出さないでください。

もし、それで利益が上がっているのなら、クーポンを続けてもかまいませんが、今まで利益が上がらないのに同じことを続けていても、売上が上がることは決してありません。

まずは半年、本書のノウハウを実践しながら、空き時間を有効に使うようにしてみてください。必ず売上は回復します。

予約がない時間にできること

- 技術の復習
- 新しい商材や知識のインプット
- SNSのアップ
- 販促ツールの作成
- 整理整頓
- スタッフ教育

POINT

空き時間を居残り練習の代わりに使ってスキルアップ！
時間はかかるかもしれないが、
ワンランク上のスタッフが育つ。

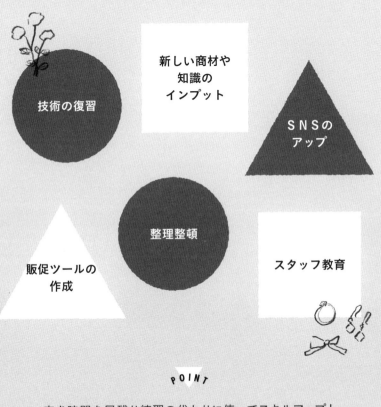

Chapter 3

サロンの「ウリ」で差別化する

Lesson 1

あなたのサロンのウリは何ですか？

ウリが差別化ポイントになる

「あなたのサロンのウリは何ですか？」

サロンオーナーさんにこう質問すると、「技術です」「癒しの空間です」「丁寧な接客です」……などと、すぐに答えが返ってきます。

ところが、「何で差別化していますか？」と聞くと、言葉に詰まってしまう人が少なくありません。それは、「ウリ＝他より優れているもの」「差別化＝他店にないもの」と考えてしまうからのようです。

でも、実はそのウリこそが、他店に勝てるポイントであり、差別化ポイントなのです。それなのに、ウリをさらに増やそうとして、「当店はリーズナブルな価格で技術が高く、ケアがしっかりしていて、デザインが豊富で、スピードが速いネイルサロンです」などとうたってしまうから、どれも普通と思われてしまうのです。

差別化すれば価格を上げられる

ウリは1つか、せいぜい2つに絞り、それを徹底的に磨いて強みにすることでしょう。

「ケアがウリ」のサロンなら、もっとケアに時間や手間をかけて、他店と差別化します。また、最新知識の勉強をしたり、練習をしたりして、他店よりはるかに優れたものにして、価格を上げるのです。

そうすると、ケアにこだわりを持っているお客様がお店に来てくれるようになります。そのお客様に「さらにケアにこだわった新商材を導入したので値上げします」と言っても、文句を言うお客様はほとんどいないでしょう。

どのサロンにもウリは必ずある！

・技術がうまい　・メニューが豊富

・スピードが速い　・丁寧なケア　・体に優しい商材

・接客力が高い　・癒しの空間

・アットホーム　・バリアフリー　etc.

↓

ウリを磨けば、差別化できる！

POINT

低価格、夜遅くまでやっている、
予約が取れやすい、駅から近い、
駐車場があるなどは、磨きにくいウリなので注意。

Lesson 2

同じウリでもクオリティの高さで勝負を

他店に絶対ないウリなどない

お寿司屋さんには、銀座の高級寿司店もあれば、99円均一の回転寿司もあります。その中間の価格帯の街のお寿司屋さんもあります。一体、どこが違うでしょうか?

銀座の高級寿司店ならネタがいい、大将の腕がいい、手間暇をかけている、などといった理由で値段が高いのかもしれませんが、それ自体は高級寿司店にしかないものではないですよね。99円均一の回転寿司にもいいネタはあるし、腕のいい人もいるし、仕込みに時間をかけていることもあります。

ただ、銀座の高級寿司店のほうがネタの程度がよく、大将の技術が上で、より手間暇をかけている……つまり、あるものは同じだけれども、それぞれのクオリティが「優れている」というだけです。そのクオリティが「優れている」ことで、銀座の高級寿司店は高いお金を取れるわけです。

少しの違いでも魅力になる

サロンも同じです。

安価なサロンにはなく、高級サロンにしかないというものは、なかなかありません。他店と同じ商材でも、よりいいものを使うこと、他店と同じ会話をしても、より素敵な会話ができることが差別化につながるのです。

個人サロンや小さなサロンなら、少しの違いでも自分で自信を持ってウリと言えるものがあれば、もう十分、お客様にとっては魅力的なサロンになります。

大型店やチェーン店ができないことをする

● オーナーやスタッフの人柄がいい

小さなサロンや個人サロンは「自分を売る」のが最大のウリ。

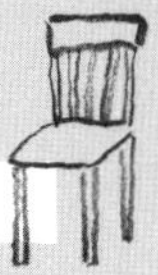

● プライベート空間

他にお客様がいないので、プライベートな話がしやすい。

● ゆっくりできる

余裕を持って予約を取るので、他のお客様と顔合わせすることがない。時間を気にせず、のんびりできる。

● 子連れOK

サロンに行きたくても、お子さんがいて行けないママがたくさんいる。

● デザインがいい

万人受けするデザインよりも、個性的なデザインで勝負できる。

Lesson
3
サロンのウリは内装や設備ではない

ゴージャスな空間と居心地のいい空間は違う

ワンランク上のサロンにしようとすると、内装やインテリアをゴージャスにしなくてはいけない、設備を最新のものにしなくてはいけない、などと考える人がいますが、それは違います。

実際、当サロンでは、内装やインテリアにはほとんどお金をかけていません。イスの座り心地をいいものにするとか、隣の席との距離が近すぎないようにするとか、そういうところには気をつけていますが、設備そのものにお金をかけているわけではありません。

もちろん、お客様は、その空間に行くことで気分が上がったり、癒されたりすることがあるので、インテリアなどに気を使うのも必要なことです。

でも、お客様にとって居心地のいい空間にすることと、ムダにお金をかけることとは違います。内装や外装、設備、賃貸費にかける資金が潤沢にあるならベストではありますが、そうしないと高価格帯サロンになれないということは決してありません。

立地が悪くてもリピートしてくれる

また、サロンの立地も銀座や広尾、六本木といったワンランク上の駅チカにある必要もありません。

何より大切なのは、お客様の満足度を高めること。そうすれば、多少立地が悪くても、通ってくださいます。

まずは、値上げした価格に見合うようにウリを磨いていくこと。大きな費用をかけなくても、リピーターを増やすことはできるのです。

居心地重視の当サロン

POINT

隣の席を気にしなくてもいいように工夫した店内レイアウト。特別お金をかけていないが、居心地のよさにこだわった。

Lesson 4

ウリをお客様に聞いてみる

サロンのウリはお客様が一番知っている

もともと美容業界は、差別化が図りづらい業種です。技術の壁や、値段の天井もあるので、どこで勝負をしたらいいかわからないかもしれません。

そういう場合は、お客様にアンケートを取り、お店の魅力や、なぜ当サロンを選んでいるのかを書いてもらうのも、ひとつの方法です。

実は、サロンが思っているウリと、お客様が思っているウリが違うということが、けっこうあるのです。アンケートを取ることで、本当の自店の魅力に気がつくことができます。

わざわざアンケートを取らなくても、接客中に「なんで当店に来てくれるのですか?」と聞くだけでもいいでしょう。きっとお客様は、すぐ「○○です」というふうに答えてくれます。

なぜなら、お客様にはあなたのサロンに来ている明確な理由があるからです。サロンに何となく来ている人はいません。

お客様の評価のほうが正しい

お客様の答えとサロンの考えているウリが一致していれば、自信を持って、そのウリを高めていってください。

もし一致していなかった場合は、お客様の言っているほうが正しいと考えましょう。

例えば、自店のウリが「プライベート空間」だと思っていても、実際にそう答えるお客様がいなかった場合、サロンのウリは、「プライベート空間」ではないということを自覚する必要があります。

お客様アンケートの例

アンケートにご協力ください

ズバリお聴きいたします。

[**1.** 当店に来ていただいている理由は何ですか？]

[**2.** 当店のいいところは何ですか？]

[**3.** 当店の悪いところは何ですか？]

[その他ご意見やご要望はございますか？]

POINT

アンケートはハガキに印刷したものをお渡しするか、
DMに同封して、お客様に郵送していただくのも手。
その場で書くより、本音を書いてもらいやすい。
表面にはサロンの宛て名を書き、必ず切手を貼っておくこと。

Lesson 5

サロンが気づいてないウリがあることも

お客様が来なくなるきっかけは必ずある

私がコンサルティングをしているネイルサロンで、こんなことがありました。

そのサロンは、お客様が減っていることに悩んでいました。価格が高いからだろうと思い、値下げをしましたが、お客様の減少は止まりませんでした。客数減と価格低下という完全なる負のスパイラルに陥ってしまい、困り果てたところで私にコンサルの依頼があったというわけです。

私はすぐに「最近、何かやめたものはないですか?」と聞きました。すると、ウォーターケアをやめたと言うのです。

そのネイルサロンは、水を使って甘皮周りをやわらかくする「ウォーターケア」を行なっていましたが、コストとスピードを考慮し、ウォーターケアをやめてドライケアに変更しました。

そこで、ウォーターケアを再び始めることにしたのです。そして、以前来ていただいていたお客様に「ウォーターケアが復活しました!」と書いたＤＭを出したところ、少しずつお客様が戻って来てくれました。思い切って来なくなった理由を聞くと、案の定、「ウォーターケアをやめたから。あれが気持ちよかったのに」というお答えだったのです。

お客様は理由があって来てくれる!

このように、お客様が何にこだわってサロンに来てくださっているのか、何が他店と差別化できているのかを正しく理解していないと、お客様は不満に思い、徐々に離れていってしまいます。

ウォーターケア復活のDM

ウォーターケア復活のDM

昨年から休止しておりました「ウォーターケア」を再開することにしました。

ご存じのように、当サロンのウォーターケアはどこにも負けない技術と経験がございます。

ぜひ、またお楽しみください。

またのご来店を心よりお待ちしております。

Nail Salon ○○
〒×××-××××
×××××××××××
03-××××-××××
http://www.○○.jp

POINT

高単価サロンにシフトするため、
このDMには割引クーポンは載せなかった。
それでも、以前のお客様は何人も再来店してくれた。

Lesson 6

「人間力」もウリになる

スタッフの人間力が高いサロンに

当サロンのウリは、「社員一人ひとりの人間力が高い」ことです。ですから、ここには徹底的にこだわっています。

実はこれ、昔、お客様に聞いてわかったことなのです。ごく簡単なアンケートですが、「なぜ当店に来ていますか？」と尋ねたところ、「スタッフの人柄がよい」とか、「人間性に魅かれた」とおっしゃるお客様がとても多かったのです。

当時は、技術がウリだと思っていたので少し驚きましたが、私たちはとにかく、このウリを磨こうと考えました。

すると、このウリが響くターゲット層が増えていきました。つまり、「人間力の高いスタッフのいるお店に行きたい」と思うお客様に来てもらえるサロンになっていったのです。

スタッフを育てる行動指針

今、当サロンでは、技術よりも人間力に注力し、社員教育の柱にしています。それを「人間力を高めるための20の行動指針」として定め、スタッフ全員で共有しています。

人間力は一朝一夕で磨かれるものではありません。行動指針にそった取り組みを行なうことで、人間力はどんどん磨かれていきます。

当サロンは、「社員一人ひとりの人間力が高い＝価格が高い」です。当サロンのお客様は、ここに価値を見出してくださっているということです。詳しくは、7章・8章でお伝えします。

人間力を高めるための20の行動指針

1. あいさつ
2. 本を読む
3. 海外視察
4. 一日一善
5. 礼儀やマナーを重んじる
6. 最上位の意識を持つ（マズローの意識５段階説）
7. いつまでも素直でいる
8. 足るを知る
9. 利他の精神
10. 真摯さ
11. 情緒を育む
12. マイナス志向にならない
13. 楽しようと思わない
14. 万物を愛する
15. 形を重んじる
16. 身だしなみを整える
17. 笑顔が創れる
18. 目を見て話す、聴く
19. 管理職になる
20. ダイナミズム

POINT

この行動指針をもとに、1項目ごとに事細かく説明して、
人間力の高いスタッフを育てている。

Lesson 7

ウリはお客様にしっかり認知していただこう

ウリの価値が高くなった時点で価格を上げる

サロンのウリで価値のある商品やサービスが提供できるとなったら、きちんと「価格」という形で、お客様に認知してもらいましょう。

例えばネイルサロンで「爪に優しい商材」がウリで、それを前面に出しているならば、「より優しい材料を使うことになりました。この地域の他店では導入されていない最新のものです。だから1000円値上げします」と、お客様にきちんと説明すればいいのです。

もし技術が得意なネイルサロンであれば、より難しい手の込んだアートの価格帯をつくってもよいでしょう。

最近では、「持ち込みデザインOK」をウリにしている店もありますが、その場合は、「持ち込みデザインが得意」であることを前面に打ち出して、値段を高くする方法もあります。

値上げの理由をしっかり伝えること

なお、こうしたお店のウリは、どんどん発信しましょう。HPやSNSで、たった1つのウリを前面に出していくのです。

もし、「ケアが関西一のネイルサロン！」とあったら、地域のお客様はきっと「行ってみたい」と思うはずです。

お店のウリを常日頃からお客様に発信していて、そのウリがワンランクアップした時点での値上げであれば、ほとんどのお客様は納得してくれます。

価格が高い理由はしっかり伝える

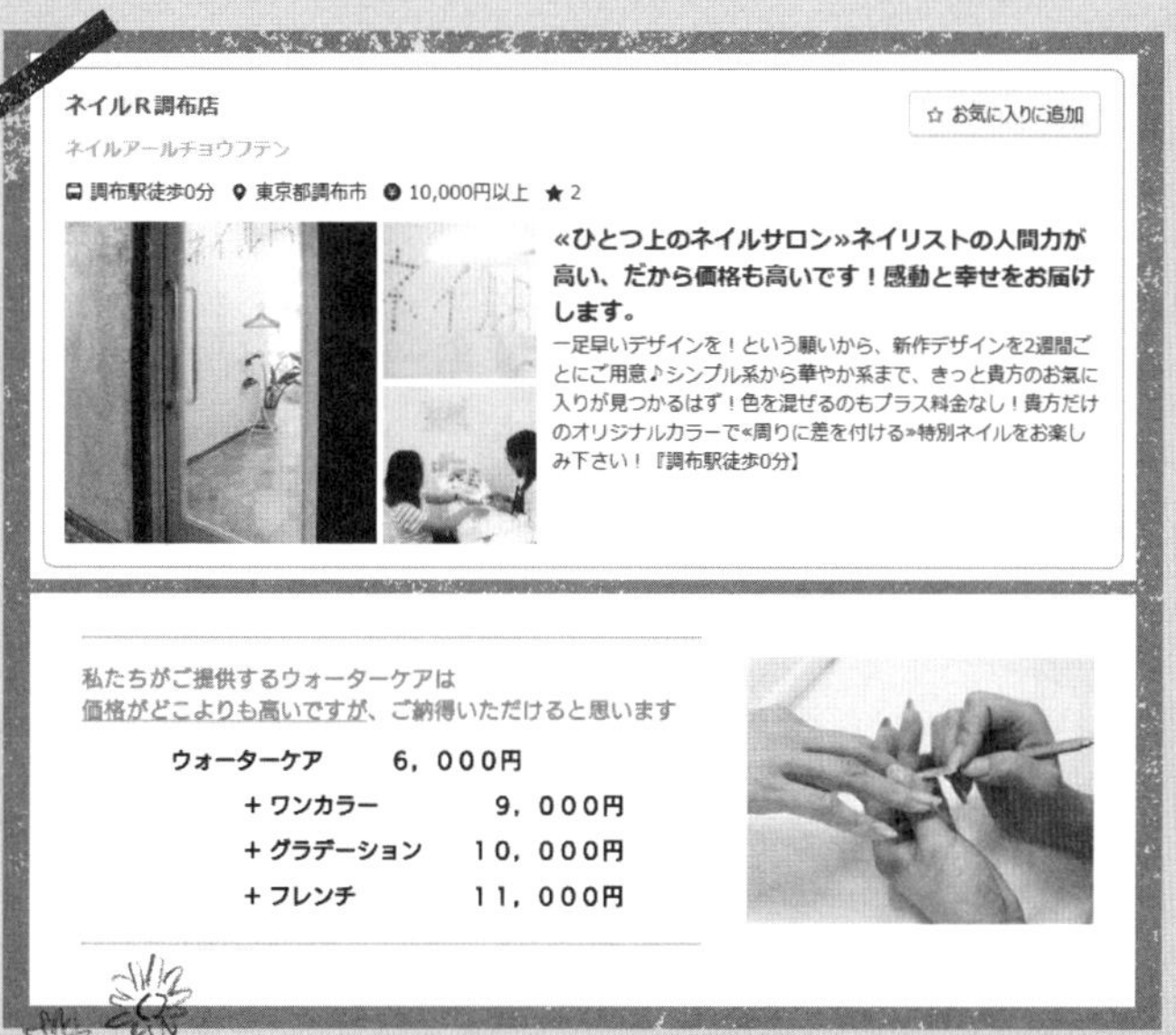
ネイルR調布店
☆ お気に入りに追加
ネイルアールチョウフテン
調布駅徒歩0分 東京都調布市 10,000円以上 ★ 2

«ひとつ上のネイルサロン»ネイリストの人間力が高い、だから価格も高いです！感動と幸せをお届けします。

一足早いデザインを！という願いから、新作デザインを2週間ごとにご用意♪シンプル系から華やか系まで、きっと貴方のお気に入りが見つかるはず！色を混ぜるのもプラス料金なし！貴方だけのオリジナルカラーで«周りに差を付ける»特別ネイルをお楽しみ下さい！『調布駅徒歩0分】

私たちがご提供するウォーターケアは
価格がどこよりも高いですが、ご納得いただけると思います

ウォーターケア	6，000円
＋ワンカラー	9，000円
＋グラデーション	10，000円
＋フレンチ	11，000円

POINT

ホームページのキャッチコピー例。「人間力が高い、だから価格も高いです！」「価格がどこよりも高いですが、ご納得いただけると思います」と、はっきり高単価の理由を伝えている。

Chapter 4

価格以外の「コスト」を下げる

Lesson 1

お客様の「コスト」はお金だけではない

当サロンでは、お客様にかかるマイナス要因を「6F1S」と呼んでいます。これは「6つの不＝不便、不安、不満、不快、不潔、不躾」と、「1つのS＝ストレス」のことを指したものです。

これらすべては、コストです。6F1S＝コストを減らすことを起点にしてサービスを考えると、それが付加価値となります。

リラックスできる空間がウリのサロンであれば、お客様の「ストレス」というコストを減らしているわけです。ですから、その分の値段を上げてもいいのです。

今、あなたのサロンで行なっているサービスや環境を、6F1Sという観点からもう一度見直して、付加価値をつけるようにしましょう。

コストは意外とたくさんある

お客様が払う「コスト」はお金だけではありません。時間や環境、ストレスもコストです。

例えば、時間というコスト。特にネイルサロンの場合は、マッサージやエステなどと違って、時間を長くかけたほうがお得に感じるというわけではありません。

時間はお客様にとって大事なものですから、施術時間を意味もなく延ばすのは、その大切な時間を奪っているということです。

このコストを意識するだけでも、お客様にとって付加価値となるはずです。

まずは6F1Sから見直す

お金以外のコストは6F1Sから見直そう

6F ＝ ・不便 ・不安 ・不満 ・不快 ・不潔 ・不躾

1S ＝ ・ストレス

POINT

6F1Sは、付加価値のあるサービスのヒントになる。
まずは自店の6F1Sにはどんなものがあるか、
そして、それを減らすためには
どんなサービスができるか、考えてみよう。

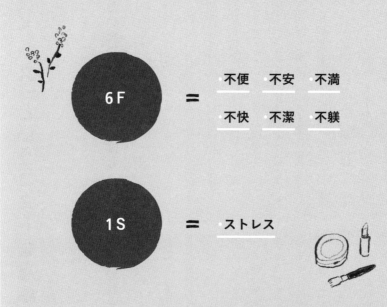

Lesson 2

「ストレス」というコストを意識する

のんびりしたい時に行くカフェと同じ

一般的に、価格を上げる時には、何か付加価値をつけなくてはいけない、と思っている人が多いようです。でも、お金以外のコストを減らせば、価格を下げなくても、値段を下げたのと同じになります。それどころか、お金以外のコストを下げることで、その分、値上げをしてもよいというわけです。

無理に付加価値をつけようとするのではなく、まずはコストを下げることを第一に考えましょう。

例えば、ゆっくりお茶を飲みたい時には、落ち着いた喫茶店に行く人が多いでしょう。値段はチェーン店の倍以上することもありますが、「うるさくない」「客席が狭くない」ことで、ストレス＝コストが減るから、お客様は高くても行くのです。

よかれと思って価値を下げている場合も

サロンの経営者は、付加価値をつけようとあれこれ考えてサービスをしますが、意外とお客様から見ると価値のないことをしていることも多いのです。

例えば、施術が終わった後、お客様にお茶を出すサービスをしているサロンは多いですが、それがティーバッグのお茶を紙コップで出しても価値はありません。むしろ、その分、値段を下げてほしいと思っているお客様もいるかもしれません。

でも、これがわざわざ取り寄せた美肌に効くハーブティーだったら、どうでしょうか？

そのお茶を見つけたり、あるいは買いに行ったりするコストを下げていると考えると、お客様にとってそれは価値になるのです。

コスト削減が価格アップの理由になる

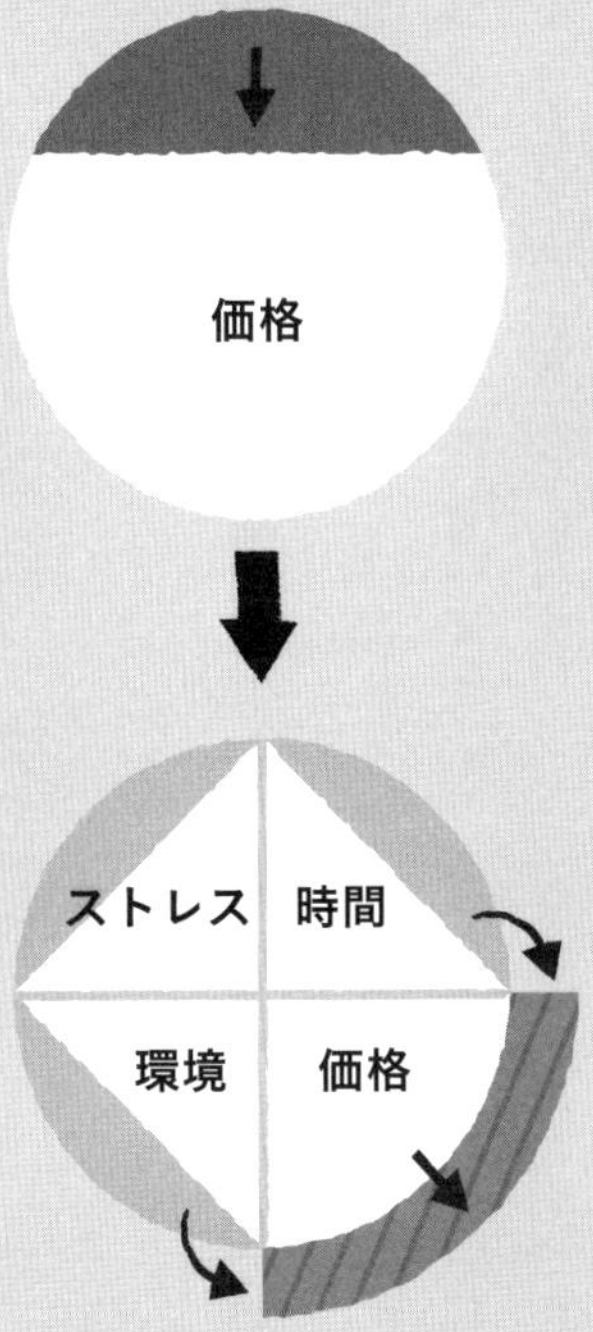

コスト＝価格だと
値下げするしかない

他のコストを
減らした分が
値上げの理由となる

POINT

お金以外のコストを減らすことは、
お客様にとって価値のあること。
十分、値上げの理由になる。

Lesson 3

スタッフの身だしなみもコスト

コストの観点からスタッフを育てる

どこのサロンでも、スタッフ教育では「身だしなみをちゃんとしなさい」と言っていると思います。しかし、身だしなみもコストだと考えているサロン経営者は、ほとんどいません。

以前、当サロンにキャラクター好きのスタッフがいました。もちろん、それが趣味なのはまったく問題ないのですが、サロンに出勤する時も派手なキャラクター柄の洋服やアクセサリーなどを身につけて来るのです。

店長は何度か慎重に注意しましたが、本人はそれがいいと思っているので、どうしてそこまで言われるのか、納得していない様子でした。結局、お互いわかり合えないまま、彼女は辞めてしまいました。

コストが上がれば値下げ要因になる

今から思うと、その当時、身だしなみもコストという認識が私にあれば、彼女は辞めなかったのではないかと思うのです。

本人にとっては好きな格好でも、お客様にとってはその服装がストレスになってしまうこともあります。お客様がストレスを感じてしまえば、それはコストです。逆もしかりで、コストが上がるということは、値下げ要因になってしまうのです。

彼女にそう話せば納得してもらえたと思います。

当サロンでは、コストの観点から身だしなみはどうあるべきかを教育しています。

清掃や整理整頓も同様です。これらがちゃんとできていないと、値下げ圧力になってしまいます。

身だしなみもコストのひとつ

POINT

サロンに来てほしいお客様に見合うように
身だしなみを磨くことで、付加価値になる。

Lesson 4

「不」はサロンの中にたくさんある

「不」を1つずつ除いていこう

「不潔」もコストです。

例えば、ネイルサロンの場合、爪の粉が散ります。棚の上などが真っ白になっていたりすると、意外とお客様の目につきます。

ネイリストが使っている道具も同様です。サロン内を不潔にしていると、爪を切るニッパーなども前のお客様の使い回しではないかと思われても仕方がありません。

当サロンでは、1回の施術のたびに道具を消毒器に入れて消毒していますが、ネイルサロンは保健所への許可は必要ありません。だからこそ、衛生観念のある清潔なサロンであることは、十分お客様のコストダウンにつながるのです。

不便もコスト

また、「不便」というのもコストです。

当サロンではビニール傘を常備しています。急に雨が降ってきた時、お客様にさしあげているのです。と言っても、100円ショップで購入したものなのですが、傘はとても喜ばれます。

サロンに来る時は晴れていたのに、施術が終わったら、雨が降り出していた……ということもあります。そんな時は、帰りに近くのコンビニに駆け込んで傘を買わないといけないなど、お客様にとってはとても不便なことです。

その不便を解消するのもコストの削減です。一つひとつお客様の「不」を取り除いていけば、ワンランク上の価値をお客様に感じてもらえるはずです。

「不」の解消のヒント

不便	雨が降ってきたら傘をさしあげる
不満	空調を何度も気にかける
不快	歩く時やドアの開け閉めは静かに
不安	施術途中から料金を明示
不潔	道具や什器は清潔に
不躾	ビジネスマナーの徹底

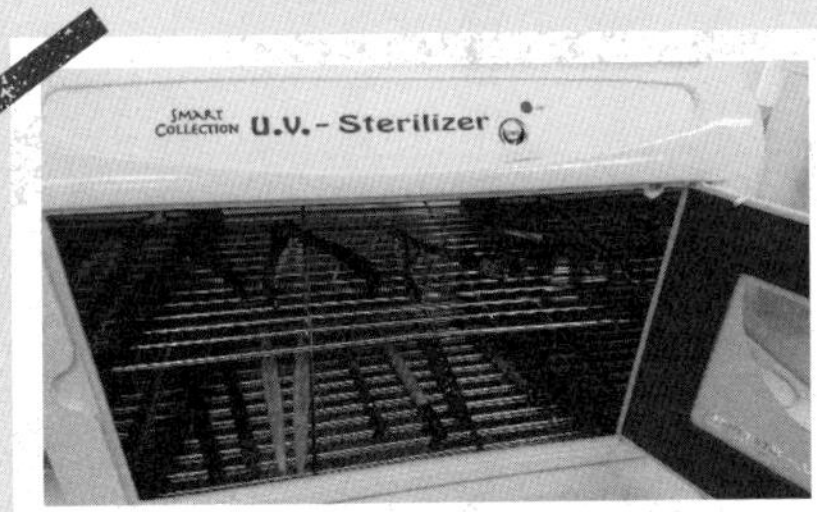

POINT

当サロンでは、施術ごとに道具を消毒し、「不潔」を解消している。

Lesson 5

新札の1万円札を用意している理由

今日、サロンに来てくれたのはなぜか？

おつりに新札を用意しているサロンはいくつもあります。しかし、当サロンでは、おつりで使わない新札の1万円札も用意しています。

なぜだと思いますか？

新規のお客様の中には、結婚式などのお祝い事の前にネイルサロンを予約して来てくださる方もいらっしゃいます。

例えば、土曜日に「明日、友人の結婚式があるから」と、初めてサロンにいらっしゃったお客様がいたとします。

ご祝儀に3万円包みたいけど、うっかり新札の用意を忘れていた……。あいにく、銀行は土曜日でお休みです。

「仕方ない。失礼だけど、新札に近いものを使うしかない」とあきらめかけていた時に、サロンのPOPに「新札の1万円札に交換します」と書かれていたら、どうでしょうか？　これほどまでにお客様のコストを減らすことはありません。

お客様に響けばクチコミにもなる

このお客様は、結婚式の前でなくても、今後もまたサロンに来てくれるでしょうし、知り合いにこの感動を伝えてくれるかもしれません。サロンが宣伝しなくても、お客様が次のお客様を連れて来てくれるのです。

新札を用意しておく、たったこれだけのことでも、お客様に響けば、サロンのファンを増やしていくことができるのです。

新札を用意していることをアピールするPOP

POINT

結婚式に列席するお客様に喜ばれる
新札交換サービス。「お客様が今日、サロンに
来てくださったのはなぜか？」を考えると、
さまざまなサービスが思い浮かぶはず。

Lesson 6

お客様は右利き？　左利き？

おつりの渡し方でもコストを減らせる

当サロンでは、お客様におつりを渡す時は、左ページのように、トレイにお札を扇形に広げて渡すようにしています。理由は、お客様がひと目でお札が何枚あるかわかるからです。

そのおつりをお客様は財布にしまうわけですが、A図の並べ方は、右利きの人が財布にしまいやすい並べ方です。右手でお札をトレイから取るので、扇子を閉じるようにお札をしまえるからです。

ところが、左利きの人はこれを左手で取ることになるので、すごく財布にしまいづらくなります。そうなると、左利きの人にとってはAの扇形はストレス＝コストになってしまいます。

そこで、当サロンでは左利きの人にはBのようにお札をトレイに並べて渡すようにしています。お客様は「なぜ、左利きとわかったんですか？」と感動してくれます。

駅の自動改札でも、ジュースの自動販売機でも、すべて世の中は右利きバージョンなので、実は左利きの人はすごく不便を感じているのです。

ちょっとしたことが感動を生む

ちなみに、なぜお客様が左利きとわかるかというと、当サロンでは、最初にカルテを記入していただく時に、ボールペンをどちらの手で持ったかを確認するようにしているのです。これをカルテに記載して、スタッフ間で共有するようにしています。

ちょっとしたことですが、これが大きな感動を生むのです。

お客様の利き手に合わせたおつりの渡し方

A.右利き用

B.左利き用

POINT

ちょっとした気遣いに
お客様の感動ポイントが潜んでいる！

Lesson 7

コストを減らすアイデアは日常に潜んでいる

お客様の日常のコストも減らす

前項で利き手の話をしましたが、当サロンでは、お客様の利き手は、より厚く丁寧にジェルを塗っています。なぜなら、利き手のほうはよく使うので、ジェルが剥がれやすいからです。

また、右利きでも「左のここがいつも欠ける」という人もいます。日常生活でのしぐさや癖などに原因があるのでしょう。その場合も、厚めに塗るようにしています。なぜなら、そこだけ剥がれてしまうと、他の爪はきれいなのに、いつもより1週間も早くサロンに行かなくてはならなくなるからです。

ネイルが剥がれたままで日常を過ごすお客様のストレス＝コストを大きく下げることになります。

自分の日常のコストを減らす

他にどんなコストがあるかは、自分の日常にヒントがあります。

例えば、自分がレストランに食事に行った時、これはコストだなあと思ったことを、自店で減らせばよいわけです。

私は食後に口を拭うナフキンがないと、すごくコストに感じます。だから、ランチなどは、ちょっと高くてもナフキンがあるお店に行きます。こんなちょっとしたことでよいのです。

当サロンはそれをヒントに、施術後におしぼりを出しています。食後に口を拭きたいのと同じで、ジェルの粉が飛んだ手や腕を拭きたいと思っているお客様はいっぱいいるからです。

ヒントは日常に隠れている

● 傘を干す	施術中に雨が上がったら、折りたたみ傘をバッグにしまえる。
● 毛玉を取る	お預かりした上着やコートの毛玉を取ったり、ブラシをかけたりする。
● 靴を磨く	スリッパに履き替える場合。
● スリッパを毎回消毒	スリッパに消毒済みの札を添えて、お迎えする。
● 冷蔵庫を用意する	買い物したものを預かる。これにより買い物後にも来店できる。
● ご飯のレシピを置く	施術中、今日何をつくろうかな、と考えられる。
● 地域の情報を置く	他業態のクーポンなどを用意してもよい。
● 充電ができる、WiFiが使える	施術中も余計なことを気にせずに済む。
● 隣の席が気にならないようにする	テーブルを離し、平行にしない。
● お会計時に合計額を発声しない	隣の人に聞こえないように、数字を見せる。

Lesson 8

感動を生むサプライズはお金をかけなくてもできる

特別感や感動を生むコストダウンは、お金をかけなくても、ちょっとした工夫で可能です。いくつかその実例をご紹介しましょう。

お客様のポケットの中には……

まず1つ目は、冬の時期、お客様からお預かりしたコートのポケットに、お帰り前に温めたカイロを忍ばせておくというものです。

お客様が店を出て、寒くてポケットに手を入れると、カイロが！　そこにはマジックで「本日はご来店ありがとうございます」と書いてあります。

お客様はカイロ以上に心が温まり、またこの店に来たい、誰かに話したい、となります。SNSでも紹介してくれているようです。

これは元々、私があるレストランで体験したサービスを真似したものです。サプライズなんてなかなか思いつかない……という場合は、自分が受けたサービスを参考にするのもひとつの手です。

たったひと手間で感動していただける

ある美容院では、自転車で来店されるお客様の自転車に空気を入れ、油をさし、サドルにカバーもして、帰りやすいように向きを180度変えているそうです。特にご年配の方は自分で空気を入れるのがおっくうなので、大変喜ばれているそうです。

こういったお客様のコストを下げる、かゆいところに手が届くサービスをいくつ行なえるか？

それが自信を持って値上げできることにもつながっていきます。

「たったひと手間」が感動につながる

POINT

小さなひと手間を積み重ねて、
感動の連鎖を生み出そう！

Lesson 9

次回予約もコスト

予約もお客様にとってはコスト

電話やネットでサロンの予約をするというのは、ちょっとしたことですが、手間のかかることです。ですから、これもお客様にとってはコストです。

しかも、後から予約をしようと思っていると、つい忙しくて忘れてしまったり、ギリギリになって都合のよい日に予約ができなかったりするので、それも非常にストレスとなってコストになります。

そこで、次回予約を取ることが、お客様のコストを減らすことになるわけです。

次回予約の特典をやめても客数は減らない

そういった観点からすると、次回予約をしてくれたお客様に特典をつけるのは意味がないのです。よく次回予約をすると10％オフとか○○代無料にしてくれるサロンがありますが、お客様のコストを減らしているのに、さらに値段というコストまで下げる必要はありません。

現に私がコンサルに入っているサロンでは、すべて次回予約の特典をやめました。しかし、それで次回予約が減ることはほとんどありませんでした。

お客様は特典があるから次回予約をしているのではなく、今回のネイルに満足をしたり、感動をしたなど、また次回もサロンに来たいと思わせることがあったから予約をしてくれるのです。サロン側は、特典があるから次回予約をしてくれているという認識を変えるようにしましょう。

次回予約を確実に取るコツについては、次の5章で詳しくお伝えします。

お客様にとって予約はコスト

- 手間がかかる
- 忙しくて忘れてしまう
- ギリギリだと、
  都合のいい日が空いていない
- 美しさが保てない

予約はストレス ＝ コスト

⇓

次回予約 ＝ コスト削減 ＝ 値上げの理由になる！

POINT

次回予約を取る時に、
「お客様は割引や特典があるから、
予約してくれる」という考えを改めよう！

Chapter 5

客単価3割アップを目指す値上げの具体策

Lesson 1

客単価3割アップのステップ

前述したように、1割程度の値上げであれば、既存のお客様の2割ほどは来なくなりますが、新規のお客様で1割埋まると考えれば、客数は1割減にとどまります。その上、客単価が1割増えているので、結果的に売上はさほど変わりません。

●半年間は売上が下がる覚悟と準備を

また、客単価を上げていくと既存のお客様は減っていきますが、新規のお客様は、サロンのウリや値段に納得して来るお客様なので、リピート率はこれまでよりも格段に高くなります。

値上げ後の半年間は、一時的に売上が低迷するかもしれません。これをしのぐだけの運転資金は用意しておく必要がありますが、ここを乗り切れば、経営が楽になったと実感できるようになるはずです。

●値上げは1割ずつ行なう

では、具体的にどうやって値段を上げていけばいいのでしょうか?

この本では客単価を3割上げることを目指していますが、そのためには1割の値上げを3回に分けて行なうのがベストです(価格帯や業態によっては1~2割と幅があってもかまいません)。

例えば現在、客単価7000円の価格帯なら、最初は1000円上げて8000円。次は9000円、その次は1万円とステップアップしていきます。

なぜなら、いきなり3割上げると、今のお客様が来なくなるからです。そして、新規のお客様も、その数を埋めるほどは来ないため、売上が激減してしまうのです。

客単価は3回に分けて上げていく

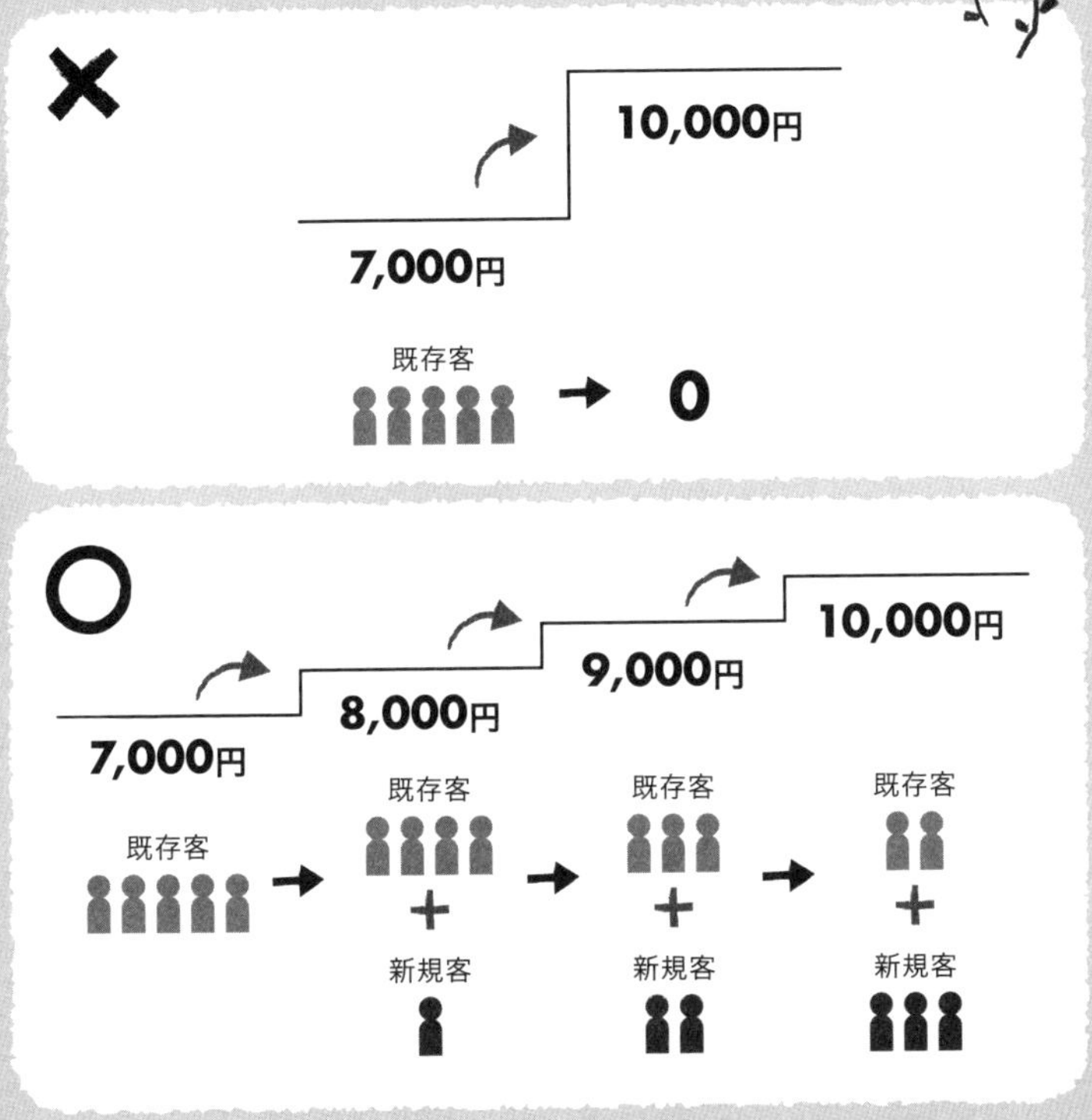
×
7,000円
10,000円
既存客
0
○
7,000円
8,000円
9,000円
10,000円
既存客
既存客
既存客
既存客
＋
＋
＋
新規客
新規客
新規客

POINT

客単価を少しずつ上げて、
高くても来てくれる新規客の割合を増やしていく。

Lesson 2

まずは値札の貼り替えでOK！

最初に価格改定してしまうのも手

2章で述べたように、サロンの価格は、原価から決める必要はありません。つまり極端に言えば、今までと全く同じ材料、同じデザインで、同じ施術でも値段を上げてもいいわけです。

まずは、ただ値札を貼り替えるだけでも、問題はありません。既存のお客様には3カ月前より周知期間が必要ですが、新規のお客様にとっては、値上げしたその値段がサロンの基本価格となります。

今「HOT PEPPER Beauty」に広告を出しているのであれば、値上げ日に価格を変えるだけです。

値上げをしたことで新規の件数は減るかもしれませんが、リピート率は格段に上がります。すると、左図のように2回目以降のお客様は、値上げ前よりも増えていることになります。このことにより、以前ほど新規のお客様を取る必要がなくなり、掲載料金プランを下げたという例がいくつもあります。

そうなれば、広告費が減り、利益率がもっとアップします。

ただし、ウリはきちんと伝えていこう

しかし、値札の貼り替えをするだけでは、お客様にとっては「ただ高いサロン」になってしまいます。

3章でお伝えした通り、ウリを磨くことはもちろん、「うちのサロンはこういう特長です」ということをしっかり発信していきましょう。

そうすることで、お客様は価格を上げる理由をきちんと理解してくれます。具体的な発信方法については、次項以降でお伝えします。

値上げ後の新規客はリピート率が高い

● 新規客 月20件　リピート率1割の場合

	1月	2月	3月	4月	5月	6月	7月
	20	2	2	2	2	2	2
		20	2	2	2	2	2
			20	2	2	2	2
				20	2	2	2
					20	2	2
						20	2
							20
合計	**20**	**22**	**24**	**26**	**28**	**30**	**32**

2回目以降は毎月来店しているとして計算

● 新規客 月10件　リピート率4割の場合

	1月	2月	3月	4月	5月	6月	7月
	10	4	4	4	4	4	4
		10	4	4	4	4	4
			10	4	4	4	4
				10	4	4	4
					10	4	4
						10	4
							10
合計	**10**	**14**	**18**	**22**	**26**	**30**	**34**

2回目以降は毎月来店しているとして計算

⇒ **毎月の新規客が半減しても、**
半年で客数は変わらない

Lesson 3

キャッチコピーにこだわる

ウリが伝わるキャッチコピー

サロンのホームページに「当店は他店と比べ、ネイルケアがしっかりしています。だから他店より高いです」と書いてあったら、どうでしょう？　気になって行ってみようと思う人が必ず何人かはいるはずです。

このようなお客様は値段が高いと知っていて来店するわけなので、クーポンは必要ありません。

実際、そのお客様が来店し、「なるほど、ネイルケアが他とは違う」と思ってくれれば、次回も来店してくれるはずです。そして、誰かに話をしたり、紹介してくれるかもしれません。

「リラックスできる空間」と書かれてあるよりも、「どこよりもリラックスできる空間です。だから価格は高いです」と書いてあるサロンのほうが、こだわりを感じますよね。

値上げはプチリニューアルのいいきっかけ

このようにキャッチコピーを変えるのは、値段の貼り替えの時が、ちょうどいいタイミングでもあります。値上げをする時は、ホームページやブログ・SNSはもちろん、販促物も含めて見直すことが重要です。

サロンのウリがしっかりと確定していれば、キャッチコピーも今までと変わるはずです。それをしっかり発信していきましょう。

例えばブログのキャッチコピーなども、「世田谷区のネイルサロンです」ではなく、「当店はケアを重視しているサロンです」とウリをアピールします。

当サロンのブログのキャッチ

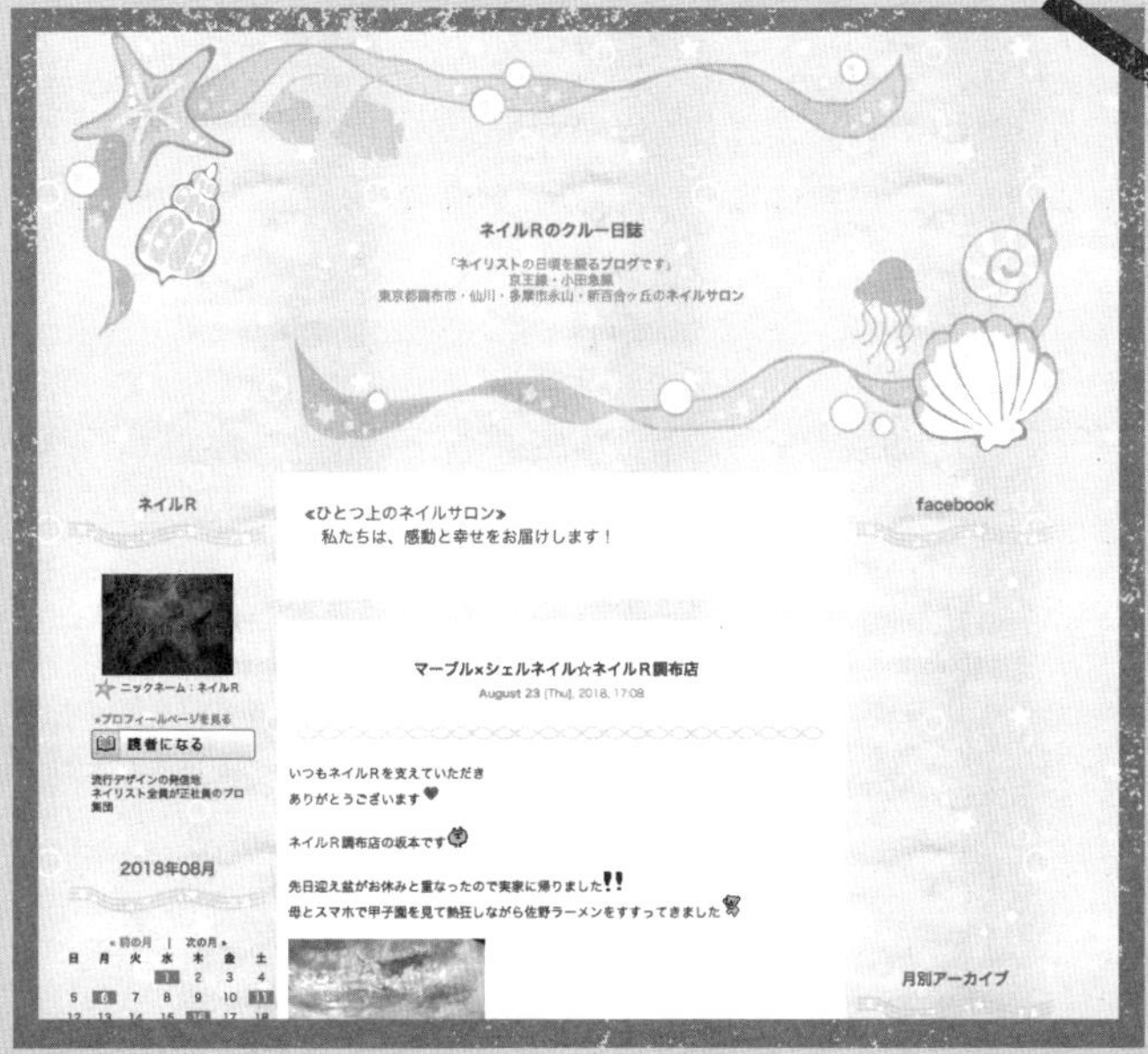

POINT

「≪ひとつ上のネイルサロン≫ 私たちは、
感動と幸せをお届けします！」と
Our Path（7章1項）を掲載している。

Lesson 4

既存のお客様には必ず口頭で伝える

値上げの理由＝ウリ

値段を上げると決めてから、3カ月の周知期間に何をすればいいのでしょうか。

まず、いつも来てくださっているお客様には、口頭で「○月○日から1000円値上げします」と伝えます。その時に、「新しいケアを導入するので」とか、「ジェルを変えるため」など、「サロンのウリを強化する＝値上げの理由」を伝えます。

「別に新しいケアは必要ないわ」と思ったお客様は来なくなるかもしれませんが、逆に新しいケアを求めて新規のお客様が来るはずです。

基本は、既存のお客様には値上げを口頭で伝えることです。「お知らせ」のチラシなどをつくると、それに頼ってしまい、あまりスタッフが口頭で伝えなくなるからです。それでは値上げの理由がお客様にしっかり伝わりません。

とはいえ、お知らせがあると、「こちらにご案内しているように、値上げをします」と言いやすくなるスタッフもいるので、簡単なPOPだけはつくって壁に貼るようにしています。

値上げする時の注意点

メニュー表やホームページ、ブログ、SNS、チラシ、外看板など価格が書かれているものは、値上げ日の前日、サロン閉店後にすべて書き換えます。

また、値上げ日以降の施術でも、その予約が値上げ日前であれば、価格改定前の料金で施術するのも重要なポイントです。

値上げを告知する会話例

「ケアがしっかりしている」のがウリの場合

「
実は、どこにも負けないケアが
できるようになったんですよ！
ちょっと高額でしたがセミナーに何度も通い、
かなり技術を磨いて、
すごくいい商材も見つけてきました！
今回から早速、使わせていただきますが、
○月からはその分、値上げをさせてください
」

POINT

既存のお客様には、しっかり口頭で、
メニューの値上げとその理由を伝えよう。

Lesson 5

まずはお試し価格で利用してもらうのも手

一度試してもらえば、価値をわかってくれる

とはいえ、いきなり大幅に値上げするのは気が引ける……という人も多いでしょう。

サロンのメニューを1000円上げるためには、次のような方法もあります。

例えば、あるネイルサロンでは、ベースジェル（自爪のすぐ上に塗る下地のジェル）が5000円でした。そこに、よりクオリティの高いジェルを仕入れて、6000円のメニューを追加したとします。

このメニューをお客様におすすめする場合、1回目は6000円のメニューを、お試し価格として、これまでと同様の5000円で提供します。

そして、2回目は「5000円と6000円のどちらにしますか？」と聞き、お客様に選択してもらうのです。

そうすると、お客様はクオリティの高いメニューのよさを経験済みなので、6000円のメニューのほうを選ぶ人が圧倒的多数になります。

よさを知らないから選ばないだけ

もし、はじめから5000円か6000円かを選択してもらおうとすると、多くの人がこれまでと同じ5000円のメニューを選ぶはずです。6000円のメニューのよさを知らないので、「今まで特に不満はなかったし、高くなるなら、これまでと一緒でいいや」となってしまうのです。

いきなり1000円の価格アップにはちょっと躊躇する……というオーナーさんには、このような方法もありだと思います。

新メニューをお試しいただく会話例

「爪に優しい」のがウリの場合

「

今まで以上に爪に優しいジェルが
発売になったんですよ！
今までのものより1,000円高いですが、
ぜひ実感していただきたいので、
今日はこれまでのものと
同じ値段で使用していきますね。
お気に召されたら、次回はぜひ！

」

POINT

いきなり値上げするのではなく、
まずはお試しいただくのも手。
お客様は納得して、次回予約をしてくださるはず。

Lesson 6

新商材は値上げするきっかけになる

新商材は10倍の価格にしてもOK

私の店では、50円の商材を500円にしたことがあります。新しいものは高くして販売する、というのは鉄則です。

10倍とまでいかなくても、例えば、今使っているストーンが100円なら、新しいストーンは200円にするなどでもいいでしょう。「新しい」というだけで価値があります。原価は関係ありません。「新しい」という付加価値がついているので、200円にするのは当然のことなのです。

サンクスフェアで客単価が上がる?

また、私の店ではこんなこともしています。

通常1枚400円の雪や押し花のシールを、「お客様サンクスフェア」として、何枚貼っても4000円で提供しています(正確には1シート内に限定しています。1シートにシールは36枚あるので、最高で400円×36枚＝1万4400円分が4000円となる計算です)。

通常なら5枚ほど貼って2000円ほどですが、4000円で何枚も貼れるので、皆さん、この「お客様サンクスフェア」のメニューを選びます。つまり、フェアで値引きするのではなく、逆に客単価が2000円上がることになるというわけです。

ちなみに、高単価サロンを目指すのなら、「キャンペーン」という安価をイメージさせる言葉はあまり使わないほうがよいでしょう。当サロンでは、日頃のご来店に感謝するという気持ちで、「サンクスフェア」という言葉を使っています。

客単価が上がる「お客様サンクスフェア」のPOP

お客様サンクスフェア
雪シール
貼り放題 !!
Elegance
Snow Nail
通常1枚400円が1シート内、
14400円（36枚分）のせても…
¥4000

POINT

いつもより多少高くなっても、
ほとんどのお客様はお得な
フェアメニューのほうを選んでくれる。

Lesson 7

クーポンで値引きをしすぎない

価格目当てのお客様は再来店してくれない

当サロンでは基本的に、値引きのクーポンがありません。ホームページやSNSなどには、一切クーポンは載せていません。「HOT PEPPER beauty」には新規客限定のクーポンを載せていますが、それはクーポンがないと掲載順位が下位になってしまうためです。

これから単価をアップしようと考えているなら、クーポンはあまり安くしないことです。特に新規客向けのクーポンを安くしすぎてしまうと、クーポン目当てのお客様ばかりが来て、次回は他店に行ってしまいます。

価格目当てのお客様よりも、自店のウリを目当てに来るお客様の割合を増やさないといけません。

繰り返しになりますが、安さではなくウリで来てくれているお客様は「だから、高い」と納得して来てくれます。だから、また来てくれるのです。

クーポンは本来、既存客にすべき

ちなみに、当サロンでは新規客向けのクーポンではなく、既存客にスタンプカードを発行しています。来店3回目と5回目に500円の割引です。8回目、10回目、13回目……と割引が継続していきます。

これは、既存客への感謝の気持ちで行なっています。新規客を安くして、いつも来ていただいているお客様に何もしないというのはおかしな話です。このスタンプカードが来店動機とならないように、ホームページなどでは知らせておらず、来店して初めて知ることになります。

スタンプカードは既存客への感謝

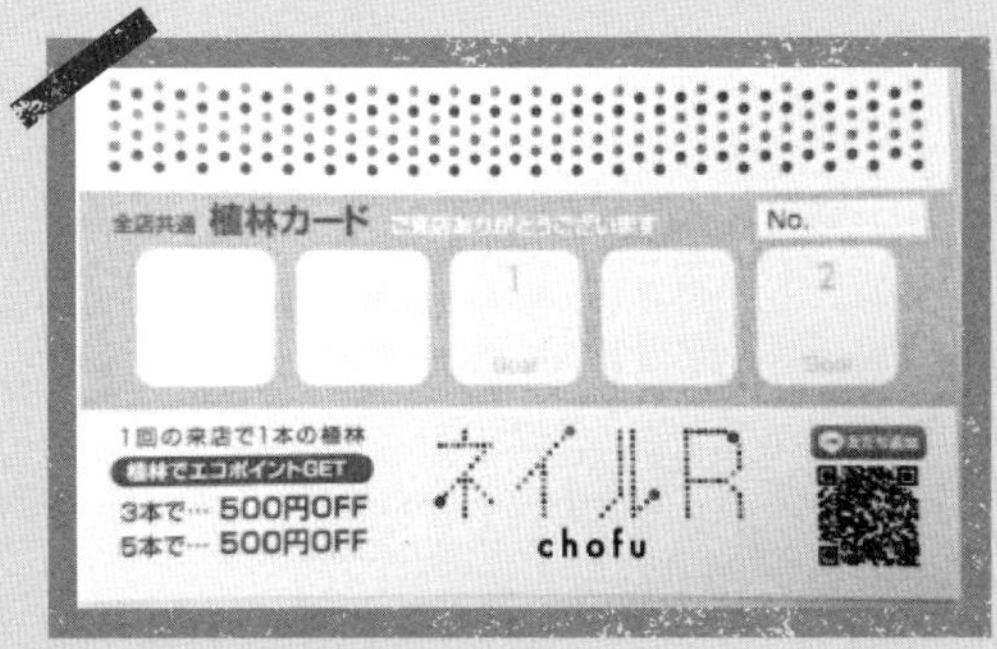

POINT

コストを減らした価値の提供により、
お客様は満足してリピートしてくださっているので、
大きなリピーター割引は必要ない。

Chapter 6

お客様に通い続けてもらう次回予約の工夫

Lesson 1

いいお客様であふれるサロンの公式

●売上を上げる公式を意識する

売上は「客単価×人数」ではありません。それに来店頻度を加えた「客単価×人数×来店頻度」です。売上を3割上げようと思うと「大変！」と思うかもしれませんが、客単価・人数・来店頻度をそれぞれ1割上げようと思うと、それほど大変ではないですよね。

実は、これで売上が3割上がるのです。

●一見客お断りのバーの一番の理由は？

ほとんどの美容サロンの経営者は、売上を上げようと思ったら、客数を増やそうと考えます。つまり、新規客を増やそうとするのです。

しかし、一流料亭やバーなどでは、「一見客お断り」のところもあります。それは、新規客を増やすことを重要視していないからです。

これは来店する人数を増やすのではなくて、お得意客を増やそうという発想です。お得意客になれば週2～3回、時には毎日来る人もいます。

売上は「客単価×人数」だと考えている人が多いのですが、「来店頻度」も重要な売上アップの一要素です。

カフェなどとは異なり、お客様に毎日来てもらうことはできませんが、サロンに来る回数を増やすことはできます。

今まで30日に1回来てくれていたお客様が、25日に1回来るようになったら、1年で60日早まるので、年間12回が14回の来店になります。売上が14／12（16％）増えたことになるのです。

売上を3割上げる公式

客単価を1割上げる

×

お客様の数を1割増やす

×

来店周期を1割早くする

＝

売上3割アップ！

POINT

売上を3割上げるには、
客単価・人数・来店頻度をそれぞれ
1割上げるだけでいい！

Lesson 2

来店周期を短くする次回予約の工夫

次回予約を確実にする仕組み

来店時に次回の予約が取れない理由で一番多いのは、「予定がわからないので、また後日電話するね」と言われて、そのままになってしまうパターンです。

実は当サロンでは、来店時には4週間先まで予約が取れるのですが、電話やネットからでは2週間先までしか予約が取れないことにしています。

なので、「後日電話する」では2週間先までしか予約ができません。3週間後に予約を入れたいなら、1週間待ってから電話をしなければならないのです。

でも、それでは好きな日時に予約は取れません。来店時に次回予約をするのがお客様のメリットとなる仕組みになっているのです。

お客様にとってもいいことだと説明する

また、来店時の次回予約に「4週間先まで」と期限を設けているのは、今まで1カ月以上の来店周期だったお客様に周期を短くしてもらうためです。

特に1カ月半の周期で爪が伸びてしまっていたお客様などは、「やっぱり4週間以内に来ないとダメね」と納得して、次回予約を入れてくれます。

また、当サロンでは一番爪に負担がなく、きれいな爪をキープできる「23日周期」の来店を推奨しています。当サロンでは「23日周期」を「賞美期限」と呼び、次回予約の目安としています。

お客様にも非常に喜んでもらっていますが、サロンにとっても23日周期は年間約16回の来店となるので、高頻度の来店回数となります。

賞美期限を知ってもらうためのPOP

POINT

賞美期限が23日である理由を
具体的に示すことで、
納得して次回予約をしていただいている。

Lesson 3

次回予約につなげるカウンセリング

カウンセリングには3段階ある

カウンセリングには、①プレカウンセリング、②ミドルカウンセリング、③アフターカウンセリングの3つがあります。

①プレカウンセリング

まず、新規のお客様に、どういう悩みがあるのか、今までネイルサロンでどういうところが不満だったのか。通常よりも30分余計に時間をいただき、細かくカウンセリングシートに記入してもらいます。

さらに、それをもとに「今までの不満や悩みを当店で解決できます」という提案までしていきます。するとお客様の期待がぐっと高まります。

そして、期待が高まったところで施術を始めるというわけです。

②ミドルカウンセリング

次に、お客様の期待に応えるために、施述中に、より具体的な提案をしていきます。

例えば、「お客様には、こういうデザインがお似合いだと思いますよ」「こういうオプションメニューもありますよ」といったことです。それが単価アップにもつながっていきます。

③アフターカウンセリング

最後のアフターカウンセリングでは、お客様の生活にそった日常生活での留意点、季節によって必要なケア、そして23日周期の「賞美期限」で来店することが一番爪にも負担がかからず、キレイを保てることなどもお話しします。

そうするとお客様は当たり前のように、消美期限前後に次回予約を入れてくれます。

カウンセリングの流れ

❶ プレカウンセリング

お客様の悩みや不満などを聞く。初回来訪時には、通常よりも30分多めに時間を取り、カウンセリングシートに詳しく記入してもらう。それをもとに「悩みや不満を当店で解決できる」という提案をして、期待を高める。

↓

❷ ミドルカウンセリング

期待に応えるために、より具体的な提案をしていく。

↓

❸ アフターカウンセリング

留意点や必要なケアなどをお伝えし、次回予約を取るメリットを伝える。

POINT

お客様の期待を高め、
さらにそれを超えていくカウンセリングで、
次回予約につなげよう。

Lesson 4

次回予約の期待を大きくさせる

● 高くても通い続けてもらうための工夫

当サロンは相場より高い値づけをしています。例えば、1万1000円強のメニューは、他店では8000円ほどです。それは、お客様もある程度は知っていることだと思います。

それでも来てくれるのはなぜかというと、その理由の1つは、2週間に1回、おすすめデザインをチェンジしているからです。

当サロンの場合、一番短い周期で来店するお客様は、3週間くらいで来店します。ですから、2週間に1回デザインをチェンジしていれば、必ず次回はデザインが変わっているわけです。

● 次回に必ず何かあるという期待

失客する理由の一番は、「何となく」と言われています。「次回、何かがある」と思わないから他店に行くわけで、「次回、おすすめデザインが変わる」と思えば、また来てくれます。

さらに接客トークでも、お客様の期待をふくらませます。例えば、「次回はクリスマスシーズンだから、クリスマスネイルですね」と伝えるだけでなく、「クリスマスネイルをしてイベントに行ったら、みんなに注目されますね！」と、お客様が具体的にイメージできるようにするのです。

通販会社の「ジャパネットたかた」では、カラオケセットを売る時には、おじいちゃんが孫と一緒に歌っている映像を流すそうです。「これを買うと、孫と楽しくカラオケができる」とイメージさせることで、商品をアピールしているのです。

次回予約したくなる工夫

**「次回はまた今回とは違ったスイーツを
ご用意しておきますね」**

……全国からスイーツを取り寄せている(これはお客様がスイーツを取り寄せるコストも下げていることになる)。スイーツ以外に、各地の名物でもよい。

**「次回、アフター写真を撮らせてくださいね。
絶対変化があると思いますよ」**

……化粧品等を店頭販売した時、その場でビフォー写真を撮る。次回、アフター写真と比べてもらう。効果が見られるのが楽しみでまた来店してくれる。

「次回、○○ちゃんのチップつくっておきますね」

……今回、ペットの画像をもらい、次回までにつくっておく。

Lesson 5

お客様の検索優先順位を知る

まずは価格帯を明確にすること

最近は、お客様のほとんどが情報サイトや集客サイトなどを使ってサロンを選びます。

その時はまず、「地域」を絞ります。次に、「価格帯」でふるいにかけます。そのため、当サロンは平均客単価1万円のネイルサロンとわかるように、価格をわかりやすく表示するようにしています。

2章2項でも述べたように、お客様は、自分の希望の価格帯のネイルサロンを見つけて初めて、店の詳細をクリックし、デザインや、お店のウリなどをチェックして、予約をしてくれます。

トップページでウリをしっかり伝える

検索で来てくれたお客様に予約してもらうためには、トップページでお客様の興味を引くことが大事です。当たり前のように思うかもしれませんが、トップページでウリをきちんと伝えられていないサロンが意外と多いのです。

例えば、一番目立つキャッチコピー部分に「ネイルケアにこだわったサロン」とウリをしっかり記載すれば、クーポンによる割引率がそれほど高くなくても、お客様に選んでもらいやすくなります。

写真はきちんと更新すること

情報サイトのトップページの写真は、枚数が限られていますが、今おすすめしているデザインや季節の商品・メニューを載せます。

更新は、少なくとも1カ月に1回行なうのを目安にしてください。

トップページは価格をしっかり明記しよう

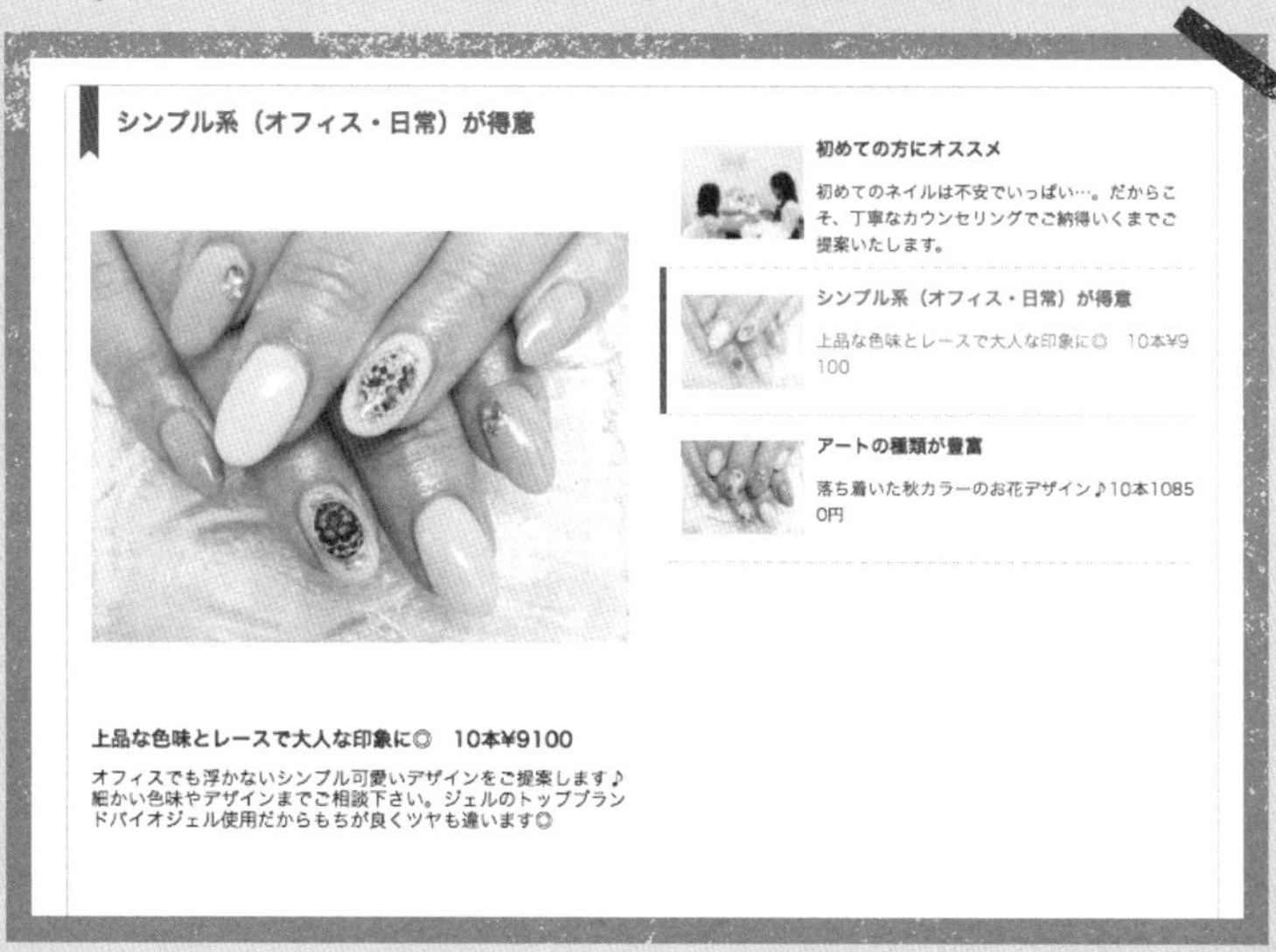
シンプル系（オフィス・日常）が得意
上品な色味とレースで大人な印象に◎　10本¥9100
オフィスでも浮かないシンプル可愛いデザインをご提案します♪
細かい色味やデザインまでご相談下さい。ジェルのトップブランドバイオジェル使用だからもちが良くツヤも違います◎
初めての方にオススメ
初めてのネイルは不安でいっぱい…。だからこそ、丁寧なカウンセリングでご納得いくまでご提案いたします。
シンプル系（オフィス・日常）が得意
上品な色味とレースで大人な印象に◎　10本¥9100
アートの種類が豊富
落ち着いた秋カラーのお花デザイン♪10本10850円

POINT

お客様は価格帯でふるいにかける。ホームページや情報サイトには、平均客単価のおすすめデザインとともに、しっかり価格を明記するようにしよう。

Lesson 6

ホームページは地味でもOK!

実態からかけ離れたホームページにはしない

当サロンのホームページは、とてもシンプルです。それは、ホームページが素晴らしすぎて実態とかい離していると、実際にお客様が来店した時にがっかりされてしまうからです。

例えば旅館などで、広々とした部屋、雰囲気のある温泉、豪華な食事がホームページに掲載されていたのに、実際に行ってみたらイメージよりしょぼかった……なんてことがあったら、もう二度と行きたくなくなりますよね。

ですから、ホームページの写真を過剰に美しいものにしたり、キャッチコピーを過度に凝ったものにする必要はありません。

ホームページにお金をかける必要はない

サロンのホームページは、お客様を誘導するため、トップページに電話番号や問い合わせ先を目立つように載せるのが鉄則と言われていますが、当サロンではあまりそういった工夫はしていません。

大事なのは、サロンのウリが何かがはっきりとわかることです。当サロンでは、「ネイリストは正社員のみ」や「人間力が高い」というウリを、トップページでしっかりアピールしています。そうすれば、それを求めているお客様が来店してくれます。

ホームページにお金をかけるのを否定はしませんが、当サロンのホームページのように、素人がつくったような簡素なものでも、集客することはできるのです。

ウリをアピールしたトップページ

≪ひとつ上のネイルサロン≫ ネイリストは正社員のみ
Home
Salon
School
Gallery
Blog
Access
Recruit
Mail
OMOTENASHI
Japan service quality
祝受賞！
ネイルR全店は、ネイルサロンとして初めて
経済産業省が認定する「おもてなし規格認証」の上位規格である
『金認証』を受賞いたしました。
ネイリスト全員が正社員の「ワンランク上の技術とおもてなし」を
お楽しみください。
About us
全員、正社員です
プロ意識が違います
人間力を高める努力をしています
礼儀を重んじ、日々修養に努めております
美容短大や美容専門学校を卒業しています
ネイルの専門性のみならず、ヘア・メイクなど
トータルビューティーの知識を有しています
私たちは感動と幸せをお届けします
ネイルR
人気のバイオジェル
バイオジェルはジェルのトップブランド
だから、保ちが長く、ツヤが違います

POINT

「ネイリストは正社員のみ」「人間力が高い」

など、独自のウリをアピール。

Lesson 7

新規オープンより周年イベントを大切にする

新規客より既存客向けのキャンペーンを

私は基本的に、サロンの新規オープン時にキャンペーンなどをする必要はないと思っています。

その代わり、当サロンでは○周年といった既存客向けの感謝のキャンペーンを行なっています。

といっても、趣向をこらしたものではありません。来店時に通し番号のカードを渡して、次回来店した時に当選番号がわかるというものです。すると、ほとんどのお客様は次回予約をしてくれます。

当たりくじは、フット券やアート3000円分など、サロンのメニューにしています。

個別のプチサプライズのほうが効果的

ただし、このような感謝キャンペーンはごくたまにしか行ないません。当サロンでは、既存のお客様を大切にするという意味で、日々のプチサプライズに力を入れています。

例えば先日は、お客様へのサプライズハッピーバースデーをして、喜んでいただきました。

お客様がご来店する時間に、店内の電気を落として待機。お客様が来て、「あれっ、今日はお休みなのかな？」と思った瞬間、スタッフが「ハッピーバースデー！」と、ロウソクでお迎えしたのです。

お客様は、感謝のあまり、涙ぐんでいました。

お客様全員に対する一律のキャンペーンより、個別のサプライズを大切にすると、お客様は特別感を味わうことができます。それが「また来たい」に繋がります。

「お客様大感謝祭」のPOP

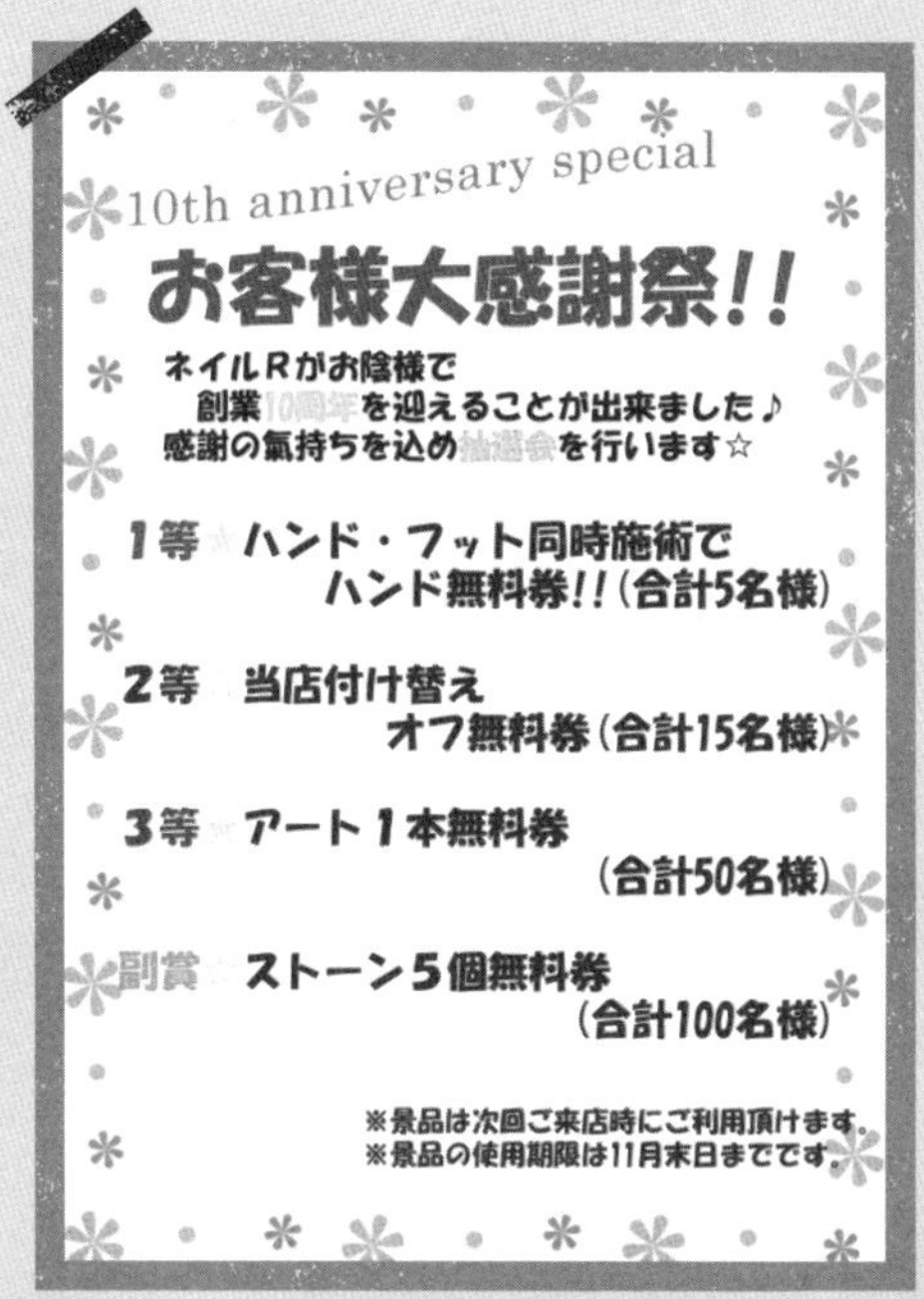

POINT

「10th anniversary special」の頭文字を取って、
「10as(テンアズ)と名づけたお客様大感謝祭。
既存客への感謝の気持ちを込めて企画したもので、
特典はすべて自店のメニュー。

Lesson 8

来店する意味をさらに強める植林制度

●このサロンに通う価値を高めるアイデア

当サロンでは、お客様が1回来店するごとに、中国のクブチ砂漠というところに植林をしています。

以前、フランスのミネラルウォーター「ボルヴィック」では、1ℓ購入するごとに、アフリカにきれいな水が10ℓ贈られるという「1L for 10Lプログラム」を行なっていました。このキャンペーンで、売上が3割上がったそうです。

例えばコンビニにお水を買いに行く時に、基本的にはどれでもいいと思っていますよね。でも、あのキャンペーンが印象に残っていると、どうせ同じ水を買うなら、ボルヴィックにしようと思うわけです。会計をして店を出る頃には、「ちょっといいことしたな」という満足感があります。

そこで、当サロンでも植林制度を取り入れたのです。いろいろなサロンがあって、選ぶのに迷った時に、「このサロンは、こんなことをしているんだ」という共感が、来店のきっかけとなります。

●スタッフの人間力育成にもなる

ちなみに、半年に1回、植林を行なっているNPO団体に寄付をしているのですが、今までで3万本ほど植林をしました。社員も給料から天引きし、1日1本植林をしています。

また、スタッフにはエコ検定を必ず受験してもらっています。こうしたことは、サロンのブランディングだけでなく、スタッフの人間力育成にもつながっています。このような経験が、ワンランク上の接客にも活かされていくのです。

植林制度をアピールするPOP

ネイルRはCO_2の削減に取り組んでいます
1回の来店 → 1本の植林
お客様がネイルRにご来店頂くごとに
クブチ砂漠において1本の植林ができます
ネイルRでは地球温暖化防止のため、お客様の施術代金の一部を
「地球緑化クラブ」が推進する砂漠緑化事業の支援金に当てています

POINT

「私は植林をしている」という満足感で、
「このサロンに通う」価値がもっと高まる。

Chapter 7

ワンランク上の
サロンのスタッフ育成

Lesson 1

スタッフ全員が使命を共有する

当サロン、ネイルRの「Our Path」

どこの会社にも、ビジョンやミッション、信念といったものがありますが、当サロンではそれを「Our Path」と呼んでいます。

これは私がつくった造語で、「私たちの行くべき道」という意味です。なぜ「road」ではなく、「path」にしたかというと、「path」は単なる道ではなく、「毎日踏みならしてできた道」という意味だからです。

逆に言うと、踏みならしていないと、なくなってしまう道なのです。

例えば、草原や山道などは、毎日歩いていないと、道をつくったとしてもすぐになくなってしまいます。

ビジョンやミッションも同じです。毎日実行していないとなくなってしまいます。

当サロンでは、「Our Path」を毎朝、朝礼で唱和するのはもちろん、何事においても「Our Path」の精神に基づいて行動しています。

「高くても当然」の意識が身につく

当サロンの使命は、「価格が高くなっても満足を求めるお客様に、私たちの人間力によって感動と幸せを与えること」です。

「価格が高くなっても」と入れることで、スタッフの、お客様に対する「高くて申し訳ない」というメンタルブロックを外す効果もあります。

お客様に感動と幸せを与えているのだから、「高くなっても当然。価格と満足度は比例している」と考えられるようになります。

当サロンの「Our Path」

Our Path

私たちの行くべき道＝私たちの使命

Path とは……
road と違い、path には毎日踏みならしてできた道の意味がある。方針・方向という意味もある。

価格が高くなっても満足を求めるお客様に

誰に＝どういうお客様に、我々の顧客は誰か

私たちの人間力によって

私たちの何をもって＝他社にないもの、ウリ

感動と幸せを与えることです。

どうなってもらう＝お客様は何を求めているか、顧客にとっての価値

POINT

指針となる「Our Path」があることで、
自信を持って高単価メニューを
おすすめできるようになる。

Lesson 2

朝礼はすべての基本

毎日の朝礼にすべてが出る

朝礼を見れば、その会社がダメな会社かいい会社かわかるとよく言われます。

当サロンでは朝礼を「Ｐａｔｈミーティング」と呼び、毎日15分間行なっています。

流れとしては、８時45分に全員が出社し、９時１分前に整列をして、９時０分０秒の合図とともに朝礼が始まります。

最初に「おはようございます」と、窓ガラスが割れるくらいの大きな声であいさつをします（詳しくは７章４項）。その後、「連絡事項」を報告。

次に、「今日は何の日クイズ」「今日の気になるニュース」など、接客トークのネタにもつながるようなテーマをその日の担当者が話します。

そして、「次回こうなる発表」をします。その日予約が入っているお客様に対して、次回も期待してもらうため、「○○様は次回こんなことがあるので、こういうデザインをされると、こんなふうに人から注目されますね」と、お客様がイメージを膨らませられるようなトークを発表します。

何でも話せる雰囲気をつくれる

その後、２分間のコミュニケーションタイムを取ります。フリートークで、新人もベテランも何でも話せる雰囲気づくりに努めています。

そして、最後に「Ｏｕｒ Ｐａｔｈ」を唱和します。そして、イメージをしながら「本日もいっぱいのお客様に来ていただいてありがとうございます」と言って終わり、店内の掃除を始めます。

当サロンの朝礼風景

POINT

当サロンの朝礼を見学に来るサロンさんもあるほど。
ネイルサロンに限らず、美容室やマツエクサロン、
営業職の方も見学に来られる。
写真はコミュニケーションタイムの様子。
タイマーでピッタリ２分測って行なう。

Lesson 3

モチベーションを上げる朝礼の工夫

メモを取らずに済むようにする

当サロンの朝礼はリズムを大事にしています。そのために、いくつか工夫をしているので、ご紹介します。

まず、当サロンの朝礼はメモ禁止。メモを取っていると、そこで時間がかかってしまい、リズムが崩れるからです。

その代わり、朝礼用のホワイトボードに、事前に連絡事項のタイトルを書いておくようにしています。つまり、今日、誰が何を発表するかなど、大まかな内容が朝礼前にわかるようにしているのです。このホワイトボードがあるかないかで、朝礼がスムーズに進むかどうかが、全く変わってきます。

始業時にテンションをMAXに

9時0分0秒ジャストから始まる朝礼をテンポよく進め、どんどんテンションを上げ、最後に一番高いテンションで「Ｏｕｒ Ｐａｔｈ」を唱和するようにしています。

店舗によっては、最後にハイタッチをして、朝礼を終えるところもあります（基本的な朝礼の進め方は全店舗統一ですが、あとはサロンごとのアレンジもOKにしています）。

ちなみに、当サロンの朝礼は毎日、スタッフ全員が参加しています。これは、当サロンは週2日の定休日があり、全員が同じ日に休んでいること、早番・遅番のないワンシフト制であることで、実現できています。

朝礼をスムーズに進めるためのホワイトボード

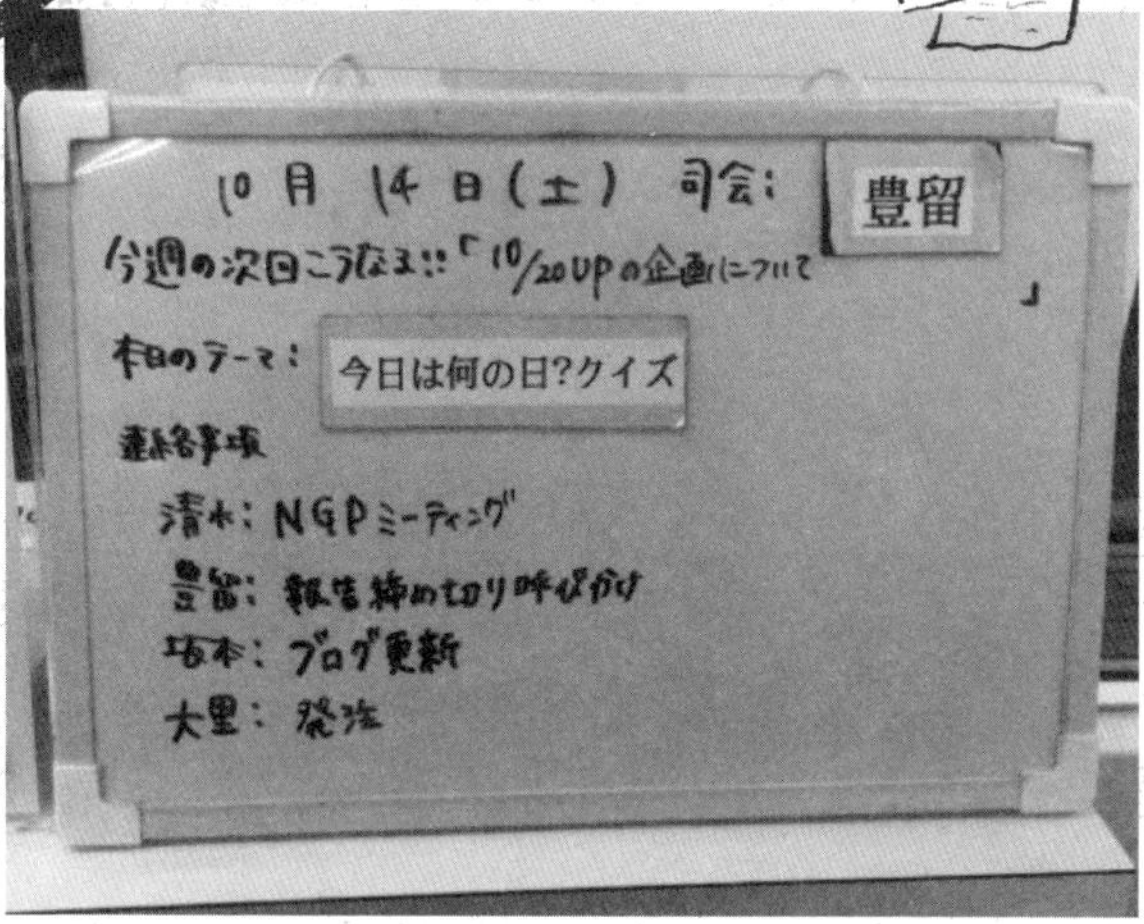

POINT

ホワイトボードに
今日の朝礼の内容をあらかじめ書いておくことで、
メモを取らずに済むし、理解度も深まる。

Lesson 4

窓ガラスが割れるくらいの大きな声であいさつする

あいさつの手抜きがすべての手抜きになる

7章2項でもご紹介しましたが、当サロンのあいさつは、「窓ガラスが割れるくらいの大きな声」で行ないます。

それはなぜかと言うと、「いつまでも素直でいる」ためです。誰でも入社したての頃は素直ですが、2～3カ月もすると慣れが出てくるものです。

「元気よくあいさつしなさい」と言われ、入社したての頃は素直に元気よくあいさつをしていても、慣れてくると、元気さに欠けてきます。そこまでしなくてもいいだろうと、自分本位の考えが入ってきてしまい、素直でいられなくなるのです。

そうすると、何をするにも「そこまでしなくてもいいでしょ」と、自らの判断で境界線を引いてしまいます。

例えば毎日の掃除も、「ここは昨日、掃除したから、今日は軽くでいいや」となります。すると一事が万事、すべてにおいてそうなってしまいます。

素直さが成長につながる

私は、素直さが一番顕著に出るのが「あいさつ」だと考えています。

毎朝、窓ガラスが割れるくらい大きな声であいさつをするためには、いつまでも素直な心でいないとなかなかできません。

大きな声でのあいさつができていると、他のこともすべて素直でいられます。何事にも手抜きがなくなり、オーナーや先輩の言うことも素直に聞くようになります。それが一番の成長要因となるのです。

朝礼は大きな声のあいさつから始まる

POINT

朝礼は、窓ガラスが割れそうなくらい大きな声で、
全員であいさつすることから始まる。
あいさつを手抜きしないことが、成長のカギ。

Lesson 5

「何のために？」を意識して行動できるようになる

単なるルーチンワークに陥らない

あいさつもそうですが、当サロンでは何事も「Ｏｕｒ Ｐａｔｈ」が行動の軸となっています。

例えば、スタッフに「何のために掃除をしているのか？」を理解してもらうのに、「それは汚れたからではなく、お客様に気持ちよくなってもらって感動と幸せを与えるため」だと「Ｏｕｒ Ｐａｔｈ」に落とし込んで伝えています。

例えば、外の看板メニュー。当サロンでは、1日3回（12時・3時・6時）、看板にチラシを補充しに行きます。

毎日3回も確認しに行くので、1枚も減っていない時も多いのですが、欠かさず行ないます。

それは、単にチラシを補充しに行くのではなく、「お客様に当店を見つけてもらい、そのお客様に感動と幸せを与えるため」だからです。

もし、「ただのチラシの補充」だと、「さっき12時に行ったからいいや」「どうせなくなっていないし」と、数日間もサボる日が出てきてしまいます。

人として恥ずかしいことはしない

その他、閉店点検やクリアアップ点検なども行なっていますが、やってもいないのに点検表に判を押すようなスタッフは、当サロンには1人もいません。

それは、「自己実現のために仕事をしている」という意識がスタッフに植えついているからです。

誰にも見られていなくても、人として恥ずかしいことはしないという気持ちを持たせることが、自立したスタッフ育成のポイントです。

いつもチラシが補充されている当サロンの看板

POINT

ルーチンワークこそ、
行動の意味を意識しながら行なおう。

Lesson 6

見えないところが見えるところ

● **お茶碗は高台で決まる**

お茶碗の高台（こうだい）は一番見えないところです（左図）。ところが、お茶碗の形の美しさを決定づけるのは、この高台だそうです。テレビのお宝鑑定番組でも、「いい仕事していますね〜。高台がしっかりしています！」と言っていますね。

これは、「実は、見えないところこそが一番見られている」ということの好例です。

シンクロナイズドスイミングも同じですね。あんなに優雅に泳いでいますが、水面下では必死に足をもがいています。

当サロンでは、この見えないところを一番大事にしています。

・**バックルームや棚の中**

いくら店内をきれいにしていても、バックルームなどが汚ければ、本当にきれいには見えません。

・**お客様のいない時やオーナーや店長のいない時**

お客様がいないからといって、だらけていては、お客様に伝わってしまいます。

・**心や内面、人間力**

心がきれいでないと、いくら外見を装っても、きれいには見えません。当サロンが、スタッフの人間力を高めることに注力している理由です。

・**休日やプライベート**

普段からちゃんとしていないと、仕事の時にも出てしまいます。

・**練習や努力**

見えないところでどれだけ努力しているかで、決まります。

サロンも見えないところが大事！

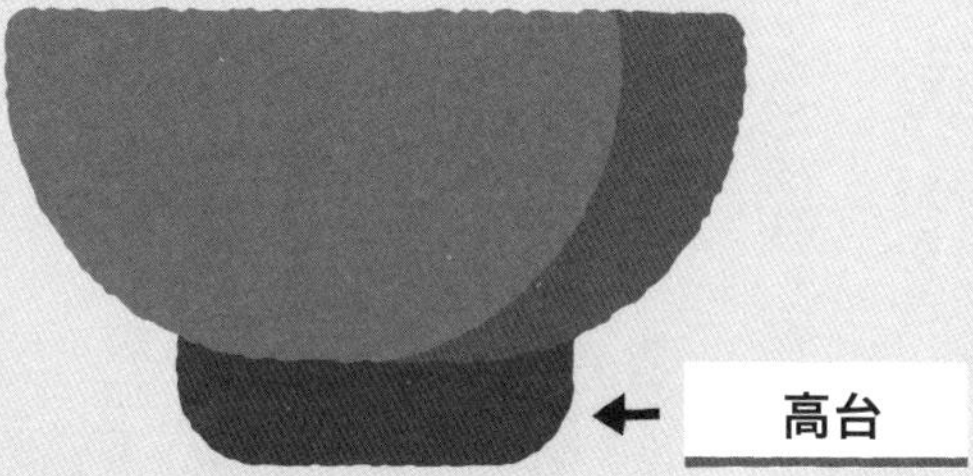

サロンの見えないところ

- バックルームや棚の中
- お客様のいない時やオーナーや店長のいない時
- 心や内面、人間力
- 休日やプライベート
- 練習や努力

POINT

見えない部分は、実は、
お客様に一番見られているところ。
隠れた努力もしっかり評価してくださるはず！

Lesson 7

言い訳は禁止

●素直でいると、言い訳がなくなる

当サロンは、言い訳禁止です。「いつまでも素直でいる」というのが教育の大前提にあるからです。

スタッフには、「すべてを受け入れる、言い訳はしない、他人（ひと）のせいにしない」というフレーズを繰り返し伝えています。フレーズで頭の中に刻み込まれると、つい言い訳しそうになった時も素直に「申し訳ありません」という言葉が出てきます。

●泣いて叱られたことで成長したスタッフ

昔は泣くのも禁止でした。現在は、禁止とまでは言っていませんが、「人前で泣くというのは、『私はこんなに頑張ってるのに……』という言い訳だ」と伝えています。

こんなエピソードがあります。今は店長をしているスタッフですが、入社1カ月目くらいの時に、サロンで泣いてしまったことがありました。新人研修で技術の課題があったのですが、理由があって期限に提出できず、店長に叱られたことが原因でした。

店長は店内で涙を流す彼女に対し、厳しく「帰れ」と叱り、帰宅を命じました。その直後、店長から報告を受けた私は、そのスタッフに本社に来るように電話をしました。そして、彼女に「ここで思う存分、泣きなさい」と言いました。泣くだけ泣いた彼女には、もう二度と言い訳はしないという覚悟ができたと思います。

言い訳は「私は悪くない」と自分の罪を減らし、その分、頑張らなくなります。当サロンでは、言い訳は「成長のチャンスを失う」と教育しています。

言い訳をぐっとこらえて成長する

POINT

言い訳したくなるような悔しい出来事があっても、
素直に認めて乗り越えれば、人間力が磨かれ、
成長習慣が身につくはず！

Lesson 8

人間関係はスタッフ同士の上下関係から

名前の呼び方でけじめをつける

ネイルサロンは、女性スタッフがほとんどの職場です。中途採用の面接をすると、「こちらの人間関係はどうですか？」と、ほぼ100％聞かれます。それほど、人間関係が嫌になって辞めるケースが多いのです。おそらく、人間関係で苦しんでいるサロン経営者も多いことでしょう。

そこで当サロンでは、スタッフ間で上下関係をきちんとわきまえさせるようにしています。

例えば、年下の後輩は、何か頼まれた時には必ず「かしこまりました」と言います。

また、年下の後輩には名字を呼び捨てにしています。ただし、親しみを込めての呼び捨てです。これは、以前読んだ『「ありがとう」といわれる販売員がしている6つの習慣』（柴田昌孝・著、同文舘出版）という書籍の影響です。

「○○ちゃん」といった「ちゃん」づけや、「ミキティ」などのあだ名で呼ぶことも禁止しています。

本当のアットホームとは？

厳しいな、と思ったでしょうか？　しかし、厳しいからこそ、「本当のアットホーム」が生まれます。

よく「アットホーム」を仲良しクラブのなれ合いのように勘違いしている人が多いですが、「アットホーム＝at home」とは、つまり家族ということ。自分にとって、身内である家族が一番厳しいものです。でも、その厳しさの中から本当の信頼感や尊敬の念が生まれてくると思うのです。このような人間関係をつくれば、簡単には崩れません。

家族のような信頼関係をつくる

POINT

当サロンでは、返答は必ず「かしこまりました」、
「ちゃん」付け・あだ名呼び禁止など、
けじめのある「アットホーム」な関係を目指している。

Lesson 9

新人にはできるだけ細かく説明する

また、経営者が「常識」と思っていることでも、初めはできるだけ細かく行動を指示したり、説明することが大切です。

例えば、当サロンで以前、ペンを見せながら「これの替えを買ってきて」と頼んだら、中の芯ではなくて、ペンごと買ってきた子がいました。ペンの芯だけを買ったことがなかったのかもしれません。

わからなければ聞けばいいと、こちらは思いますが、わからないこと自体がわからないと聞けないこともあります。

迷うことがあった時に、上の人に聞きやすい環境を整えたり、失敗しても大丈夫というムードづくりは、今どきの社員教育ではとても大事なことだと思っています。

● 気づいているのに、行動できない人もいる

気配りや気遣いができる人間を育てる中で難しいのは、全く気がついていない人と、「本当は気づいてるのに、やらないほうがいいのではないか」と思ってしまう人がいることです。

後者の場合は、本当は気遣いができているのに、上司からすると「何もやらない人」に映ります。

おそらく、それをすると叱られるかも、とか、失敗するかもしれないと思っているから行動できないのです。最近の子は特に、「自分からしてはいけない」と思っている場合も多いので、「失敗してもいいんだよ」という雰囲気をつくることが大切です。

● 当たり前・常識と思わないこと

当サロンの新人教育＜基本業務編＞の例

基本業務

1　エプロン・名札

・エプロンの紐ねじれに注意
・エプロンは定期的に洗濯する
・名札が曲がっていたり、おじぎ(下を向いて名前がわからない)したりしないように
・外出時(メニュー補充を除く)はエプロンを脱ぐ

2　身だしなみ

・いつも清潔に！
・ノーメイクは×
・髪は顔にかからないように束ねる
・施術中に髪をかきあげたりしないように(特に前髪)

3　ロッカーの使用方法

・私物は残置しない(エプロンのみ可)
・業務中は施錠しカギを携行、退勤時にカギを戻すこと
・開閉は静かに！(手でそっと閉める)

POINT

新人には「なぜ、そうするのか」も合わせて説明すること。
復唱を必ずさせるのもポイント。
教えたら、それができているか確認しよう。

Lesson 10

失敗がわかっていても、スタッフに任せる

本気で任せていますか？

よく「スタッフに任せている」と言う経営者がいます。かつての私もそうでした。しかし、ほとんどの経営者は、本気で任せてはいません。

以前の私は、口では「任せている」と言いながら、スタッフが何かをしようとすると、「それだと失敗するから、こうしなさい」と先回りをして指示していました。

しかし、ある出来事があって、この考えを改めました。5〜6年ほど前のことですが、絶対に辞めることはないだろうと思っていた店長が、「辞めたい」と私に言ってきたのです。

最初は、辞める理由をはぐらかしていましたが、話し合っているうちに、「社長が決めたレールを歩かされていて、言われたことしかできない。だから、やりがいを感じなくなった」ということでした。

任せることに失敗はつきもの

今は、スタッフに「失敗してもいいから、自分で考えて何でもしなさい」と言っています。

確かに失敗する回数は増えますが、スタッフはなぜ失敗したかを考えます。そして、次の機会では成功します。すると、とてつもない喜びや達成感があり、またそれを味わいたいと思って自主的に行動するようになります。

私は「任せる＝失敗」だと思います。スタッフは任せられていることに、自分は必要とされている、サロンで役に立っていると感じ、それに幸せを感じるようになります。

スタッフに任せるポイント

よくぞ失敗したと褒める

➡ 何事にもチャレンジするという文化ができる

失敗することが目に見えても絶対に口出ししない

➡ それでうまくいっても、スタッフには何の喜びもない

担当を与える（新人でも与える）

➡ 担当になると、自分が動かざるを得なくなる。当サロンにはアート担当、在庫管理担当、ＳＮＳ担当、備品担当など10前後の担当がある

「○○以外はすべて任せる」と宣言する

➡ 単に「すべて任せるよ」だと「ホント？」となる。「○○以外はすべて」とすることでオーナーの本気度が伝わる。私の場合は、「社名を変えること以外はすべて任せると言っている

POINT

任せるには、トップの覚悟も必要。
失敗が成長要因になる、と思い切って任せよう。

Lesson 11

スタッフ全員が参加する全店講習会

スタッフが主体になって運営する講習会

当サロンでは、全店講習会を2カ月か3カ月に1回、開催しています。朝9時から5時まで、会場を借りて4店舗全店の社員が集まります。

私自身もそこで1時間から1時間半ほど話をし、さらに質問を受け付ける時間を設けていますが、この講習会のテーマはスタッフが決めます。例えば「集客」や「カウンセリング」についてなど、その時々でさまざまで、講師役もスタッフが務めます。

また、スタッフの誰かが外部の講習会で習得したネイル技術などをみんなに披露し、教え合うこともあります。

当サロンでは、外部のスキルアップ研修には年間1人5000円の補助をしています。

全店講習会の後には必ず、懇親会を開催します。懇親会も海外視察（8章4項）ほどではないですが、普段の自分が出やすい場です。当サロンでは、これを「氣配り会」と呼び、「気配りを身につける場」と位置づけています。こちらも、スタッフが店の予約から進行までしています。

全店会議の振り返りは全員で共有する

また、全店講習会の振り返りを1週間以内に全員提出し、それを担当スタッフが「講習会反省」としてまとめ、共有します。

先輩であろうと、声が小さければ、講習会の最中にでも「声が小さいです」と指摘されます。

上下関係はあっても言いたいことは言える、そんな空気感をスタッフ間でつくるようにしています。

スタッフが運営する全店講習会

POINT

会議のテーマや進行、懇親会に至るまで、
スタッフが自主的に運営する全店講習会。先輩・
後輩に関係なく意見を出し合い、全員で共有。

Chapter 8

感動接客を生む人間力の磨き方

Lesson 1

マニュアルだけではできない感動接客

当サロンが人間力を磨く理由

ワンランク上のサロンにふさわしいスタッフを育てる時、軸となるのが「人間力」です。人間力が高いと、お客様に「ちょっとした感動を与えられる」「幸せな気持ちになってもらえる」「特別感を味わってもらえる」接客ができるようになります。そして、それが他店より価格が高くても、当サロンを選んでもらえる大きな理由となります。

以前、当サロンにいらしたお客様が元気がなかったので、担当スタッフが「どうされましたか？」と聞くと、愛犬が亡くなったとのこと。

それを隣で聞いていた別のスタッフが、お客様のSNSから愛犬の写真をプリントアウトしてコメントを書き、担当スタッフにもちょっとした合間にすばやくコメントを添えてもらい、お客様がお帰りの際に渡しました。お客様はとても感動していたそうです。マニュアル接客では、ここまでできないでしょう。

いいチームづくりができる

人間力のあるスタッフを育てると、接客だけではなく、スタッフ間にもいい効果をもたらします。

当サロンの例で言うと、スタッフが産休に入る時、壮行会で本人に内緒で実家のご両親にビデオレターをお願いして流したり、旦那さんをサプライズで呼ぶといったこともありました。

いずれも、スタッフが自主的に行なった感動体験です。マニュアル重視ではなく、人間力を磨くスタッフ育成の成果だと思っています。

人間力の高さが感動接客につながる

POINT

マニュアル接客ではできないとっさの一言、
さりげない気遣い、お客様が感動してくれる
サプライズなどは、人間力の高さから生まれる。

Lesson 2

感動はマニュアルからは生まれない

イレギュラーな場面での〝神対応〟

私は、人を感動させるポイントはイレギュラーな場面にあると思っています。

例えば、前項のようにお客様の愛犬が死んだ時や、財布を落とした時、電車で寝過ごして終点まで行ってしまった時などに〝神対応〟できると、お客様は感動します。

一方、マニュアルは、ルーチンワークなどレギュラーな場面に適しているものです。

入社時はどうしてもマニュアルが必要ですが、それに頼ると、感動のポイントであるイレギュラーな場面で、ちぐはぐな対応をしてしまうケースが出てきます。

とっさに気の利いた一言が出てきますか？

例えば、こんなたとえ話があります。閉店1分前のハンバーガーショップに、お客様が飛び込んできました。「ハンバーガーをください」と注文したお客様に対し、スタッフはマニュアル通り、「店内ですか？　お持ち帰りですか？」と聞いたそうです。

この時間に店内での飲食はありえないはずですが、マニュアルに頼っていると、こんな対応になってしまいます。

もし、この時のスタッフの人間力が高ければ、「間に合ってよかったです」とか、「次はゆっくり店内で食べていってくださいね」と気の利いたことを言えるはずです。それを聞いたお客様は、「このお店にまた来たい」と思うことでしょう。

マニュアル接客ではできない、とっさの神対応

POINT

感動レベルの接客は、マニュアルからは生まれない。
日々の人間力磨きが必要不可欠。

Lesson 3

気配り力を高める読書のすすめ

本を読むといろいろな経験ができる

人は自分が経験したことがないことはわかりません。ですから、いろいろな経験をしたほうがよいのです。とはいえ、実体験には限界がありますよね。それが本や映画なら、登場人物の追体験ができます。

例えば、東日本大震災や熊本大地震の時、被災地に届く支援物資で一番多いのがカップラーメンだったそうです。しかし、それをもらっても被災者はうれしくありません。なぜか、わかりますか？

それは、水は飲料水として貴重なので、カップラーメンには使えないからです。

震災の経験がない人は、軽くて日持ちのするカップラーメンをよかれと思い、送ります。ところがもし、震災の経験がなくても、被災地について書かれた記事や書籍を読んだことがあれば、カップラーメンを送るようなことはしなかったかもしれません。

さまざまなお客様や場面に対応できる

たとえ実体験はなくても、本を読んだり、映画を観たりすることで、他人の追体験をすることができます。そうすれば、他人の気持ちに寄り添うことができます。おのずと行動も変わってくるはずです。

お客様に対しても同じです。本や映画などでさまざまな経験を知ることで、お客様に対してさまざまな気配りや気遣いができるようになります。

当サロンでは「ルクプ文庫」といって、私のおすすめの本やＤＶＤを置き、回し読みをしています。時には、スタッフみんなで読書レビューを発表する機会を設けています。

いつでも書籍・DVDを借りられるルクプ文庫

POINT

書籍やDVDで
自分以外の人の体験や感情を学んで、
あらゆる場面やお客様への対応力を強化しよう！

Lesson 4

普段から気配りできる姿勢をつくる海外視察

仕事の場以外でも気づけるかどうか

当サロンでは年に1回、海外視察に行っています。前回がセブ島、その前が韓国でした。費用は会社が出し、視察後はレポート提出を義務づけています。

海外視察の1番の目的は、気遣いや気配りを学ぶことです。仕事で気遣いができているつもりでも、普段からできていないと本物ではありません。それは、お客様にも伝わります。

スタッフとは毎日のように仕事で顔を合わせていますが、海外視察に行くと、仕事ではあんなに気遣いができているのに、ここではできないというスタッフがいたりします。それは、普段から気遣いできるようにする意識や習慣がないからです。

例えば、カメラのスナップ写真係を、わざと先輩に頼むようにしています。そこで、「私が代わります」と気づく新人と、気づかない新人がいます。さらに、気を使いすぎて「余計なことは言わないほうがいいのかな」と思う子もいます。

それに気づかせることで、普段から気配りや気遣いができるようになります。

視野が広がる

海外視察の2番目の目的は、現地の文化や生活様式に直接触れることによって視野が広がります。

日本では当たり前のことでも、海外ではできないこともたくさんあり、自分たちの「当たり前」に感謝できるようなったり、「なぜ違うのだろう」と問題意識を持つことで、価値観の違いを学びます。

海外視察旅行のレポートの例

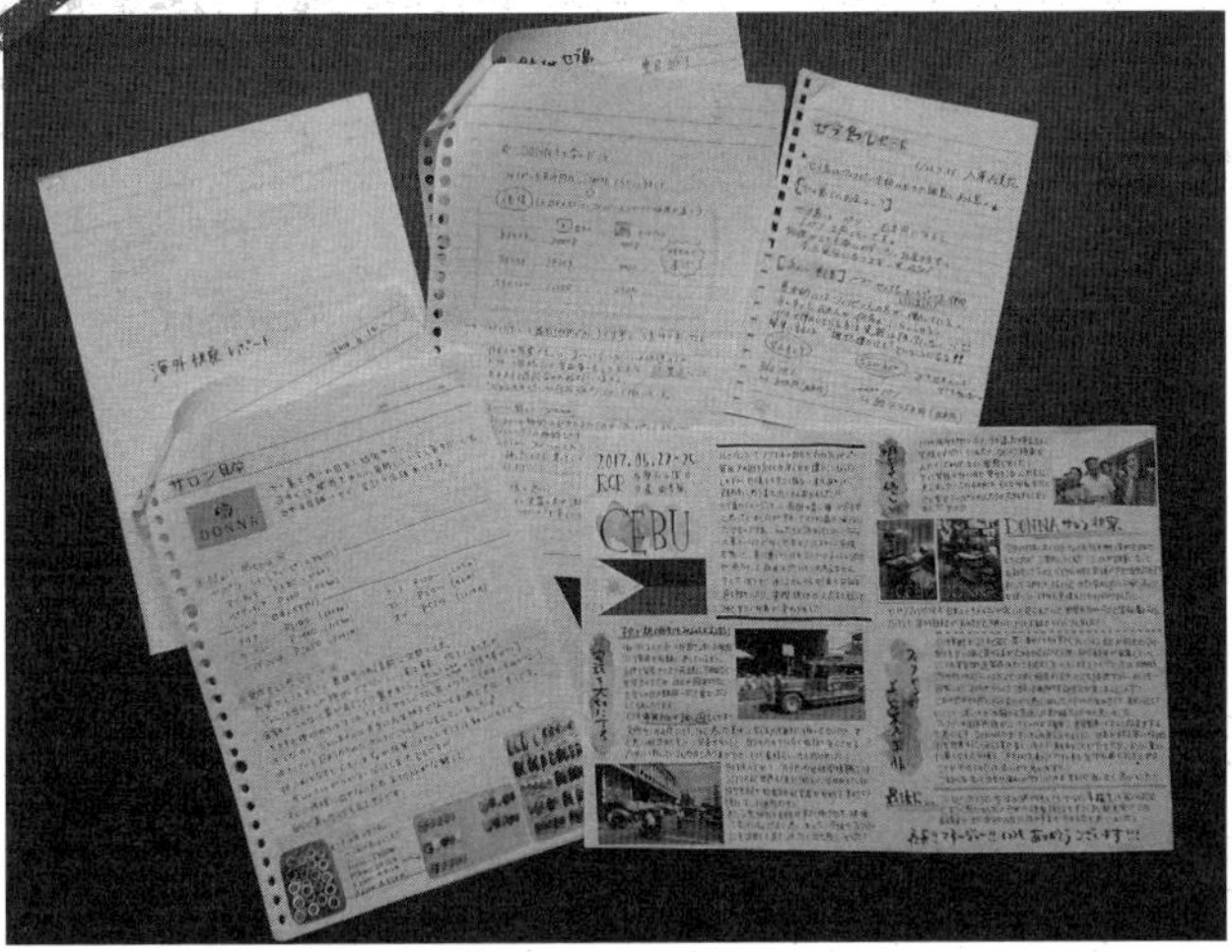

POINT

写真やイラストつきで
びっしりと書かれた海外視察のレポート。
数多くの気づきや学びがある。

Lesson 5

「ありがとう」の言葉の力

一日一善で、人の喜びに気づく習慣づくりを

当サロンでは、入社して最初の半年間は、「一日一善」を義務づけ、昨日何をしたかをバックルームの壁に貼ってある表に、毎日書いてもらっています。

よくあるのが「電車で席を譲った」とか、「エレベーターに乗ろうとしている人を見つけ、開くボタンを押して待っていた」といったものです。

1カ月ほど経ち、私はスタッフに、「エレベーターに乗ってきた人に何て言われた?」と質問します。たいていは「すみません」と言われるようです。

「でも、それより『ありがとう』と言われたほうが、うれしくない?」と尋ねると、みんな納得します。

サロンをパワースポットにする秘訣

そこで当サロンでは、人間力を高めるために普段から「ありがとう」を言うように教育しています。

例えば朝、トイレ掃除が終わったスタッフに対しても「ありがとう」。日々のルーチンワークでも「ありがとう」を欠かしません。

スタッフから私宛てに「ペーパータオルがなくなりそうです」と報告メールがあった時も、返信は「了解!」ではなく「ありがとう!」です(笑)。

「ありがとう」は最もパワーのある言葉です。その「ありがとう」がサロン中に飛び交うと、サロンがパワースポットのように、運気アップの幸せなエネルギーに満ちあふれた特別の場所になります。

そういうサロンだから、お客様は「また来たい」と思うのです。

日頃から「ありがとう」を使うクセをつけよう

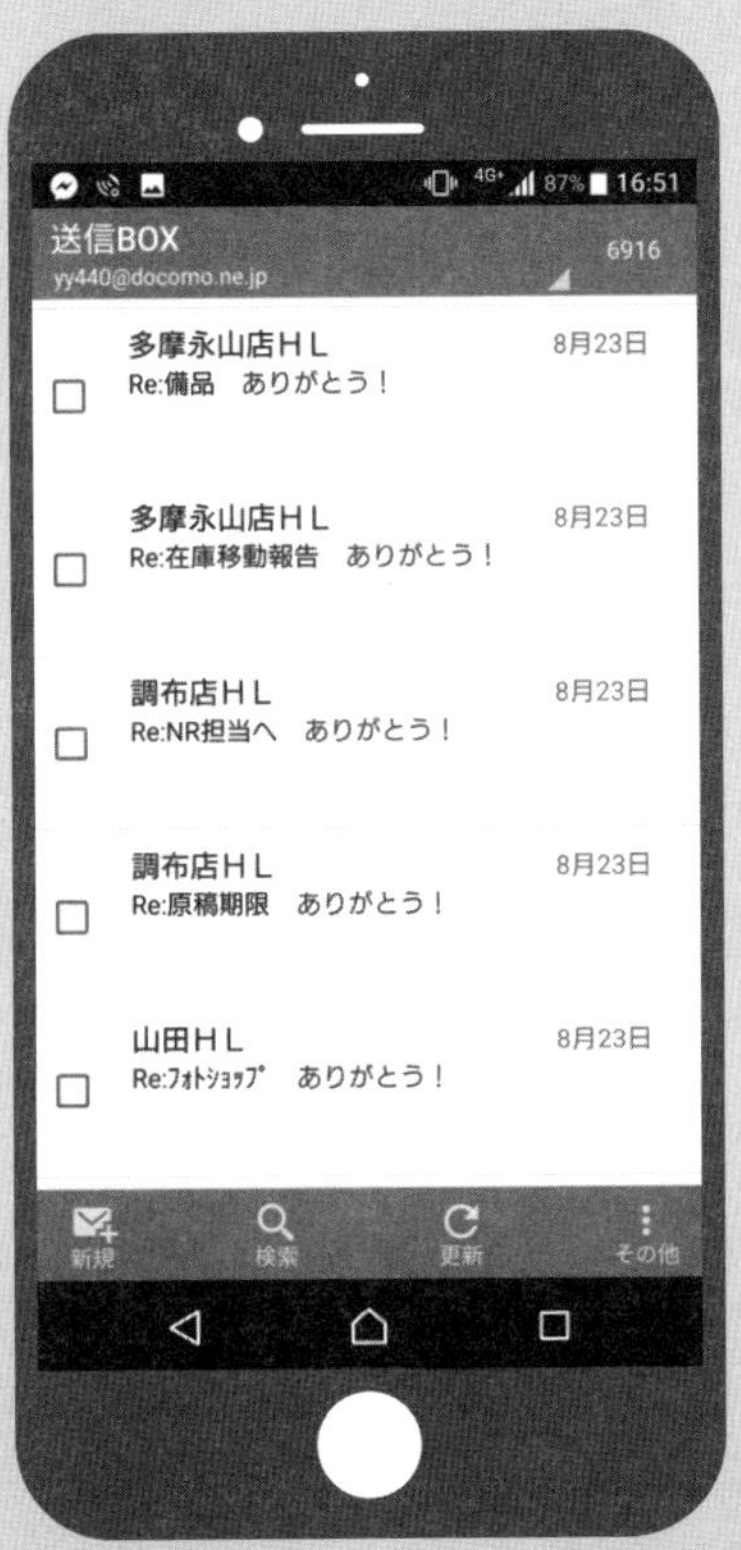

POINT

ちょっとした報告メールでも「了解」ではなく、
「ありがとう」を使う習慣で、「ありがとう」のパワーに
あふれたサロンを目指している。

Lesson 6

サロンで言ってはいけないNGワード

気遣いは言葉遣いにも表われる

当サロンではいくつかのNGワードがあります。

例えば、お客様に対しては「ありがとうございました」という過去形ではなく、「ありがとうございます」と現在形で言うようにしています。「ありがとうございました」だと、関係を清算するイメージがあるからです。

また、よく終わりの合図で「お疲れ様でした」と言う美容院やサロンがありますが、当サロンは「お疲れ様」も禁止です。ネイルが終わってテンションが上がっているのですから、お客様は疲れていません。「お疲れ様」ではなく、「ありがとうございます」でも十分、終わりの合図として通じます。

また、「忙しい」もNGワードです。「忙」は「心を亡くす」と書きますよね。そんな状態では、決して気配り・気遣いはできません。

ですから、「繁忙期」ではなく、「繁盛期」、お客様にも、「お忙しそうですね」ではなく「お仕事大変そうですね」と言い換えるようにしています。

日常からNG行動に気をつける

また、マナーを意識づけるために、普段の生活でもNG行動をいくつか徹底して指導しています。

例えば、みんなで移動する時に3列で歩かない、歩きスマホ禁止、電車は優先席が空いていても座らない、ドアは必ず取っ手を持って開け閉めする……等々。

人間力を高めるためには、普段から言葉や意識を変えていく必要があるのです。

幸せサロンのNGワード・行為

NGワード

✕ ありがとうございました。
◯ ありがとうございます。

✕ お疲れ様でした。
◯ ありがとうございます。

✕ 繁忙期
◯ 繁盛期

✕ お忙しそうですね。
◯ お仕事大変そうですね。

NG行動

- 複数人で移動する時は３列で歩かない
- 歩きスマホ禁止
- ドアは取っ手を持って開け閉めする
- 電車は優先席が空いていても座らない

Lesson 7

意識は現実化する

意識の力を実感するゲーム

セミナーの時に、私が必ずやっているゲームがあります。意識は目に見えませんが、力を持っているということを、実感してもらうものです。

まず、AさんとBさん、2人に向き合って立ってもらい、AさんにBさんの首と胸の間あたりを、動く程度に押してもらいます。

次に、Bさんには目を閉じて自分の体重が重くなったと意識してもらいます。そして、再びAさんが押すと、Bさんは動かなくなるのです。

さらに今度は、自分の体重が軽くなったとBさんに意識してもらうと、たやすく体が動くのです。

そんなわけがない、と思うかもしれませんが、実際に試してみてください。体重は変わらないのに、自分の力をどう意識するかによって現実の感じ方が変わることを実感してもらえると思います。

言葉が意識を変える

スタッフの意識を変えるのは大変ですが、言葉に出して言うことで意識が変わる、ということがわかりました。

例えば、掃除。「掃除は汚れたからするのではない、お客様に気持ちよくなってもらって感動と幸せを与えるためです」とスタッフ自身が何回も口に出して言うことで、「掃除は汚れたからするもの」という意識から、次第に「感動と幸せを与えるための掃除」と思うようになっていきます。

言葉に出すことの積み重ねが意識にも働き、いいスタッフづくりにもつながる、というわけです。

意識の力を実感するゲーム

POINT

意識するだけで、体が動いたり動かなかったりする。

意識の力は、思っている以上に強い！

Lesson 8

当サロンの離職率が低い理由

何のために仕事をしているか？

あるネイルサロンで講習をした時に、「何のために仕事をしていますか？」と聞くと、ほぼ全員が「お金のため」「生活のため」と答えました。

「何のために仕事をしているか」とは、「どういう意識で仕事をしているか」ということです。お金や生活はもちろん大事ですが、残念ながら、意識が高いとは言えません。

当サロンのスタッフに「何のために仕事をしているか？」と聞けば、間髪入れずに「お客様に感動と幸せを与えるため」と答えます。

「お金のため」に仕事をしていると、今より高い給料のところがあれば、そちらに転職してしまいます。それが「感動と幸せを与えるため」に仕事をすることが自分の幸せにもつながれば、そうは簡単に転職しません。

スタッフが幸せだったら辞めない

かつて私のサロンでは、スタッフが1年～1年半くらいで辞めてしまう時期が続きました。福利厚生は日本一だと思うのに、なぜか、スタッフが居続けてくれないのです。

そして、たどりついた答えが、「スタッフが当サロンで仕事をすることが、幸せだと思えるサロンづくり」でした。それが、本書に書いたノウハウの根幹となっています。

幸せだから、ここでずっと働きたいと思ってくれるのです。おかげさまで当サロンの離職率はこの1年で0％。約半数が5年以上勤めるスタッフです。

入社式から人間力を意識してもらう

POINT

初日から高い意識を持って仕事に臨んでもらうため、
当サロンの入社式は形を重視。
形が変われば、心(意識)が変わる。

Lesson 9

スタッフの夢を応援する

夢実現応援企業としてやっていること

当サロンは福利厚生もサロン業界では珍しいくらい整っています。完全週休2日制（定休日が週2日）、社会保険完備、有給休暇取得奨励、居残り練習もありません。

そして、スタッフが当サロンにいながらにして自分の夢を実現できるよう、会社が応援しています。

スタッフの夢はいろいろあります。「自分の店を持ちたい」「海外に住みたい」「いいお母さんになりたい」「幸せな家庭を築きたい」など、個人によって違います。

当然ながら、仕事を頑張っているというのが大前提です。頑張っていれば会社も周りも応援してくれます。頑張っているかどうかは、スタッフ自身が一番知っていることでしょう。

スタッフの夢を叶えることが幸せな経営

当サロンには「保育士になりたい」というスタッフがいました。彼女はサロンに勤務しながら保育士になる勉強をし、見事、保育士試験に合格しました。

彼女の夢は、いずれ、ネイリストをしながら保育士をすることだそうです。そこで、彼女のために保育スペース併設のネイルサロンをつくりたいと思っています。

お客様の感動や幸せも、サロンにとっては大切なことですが、スタッフの夢を応援すること、つまり当サロンで働くことで、スタッフに幸せを感じてもらうことが、オーナーとして最重要事項だと思っています。

スタッフの夢を応援しよう

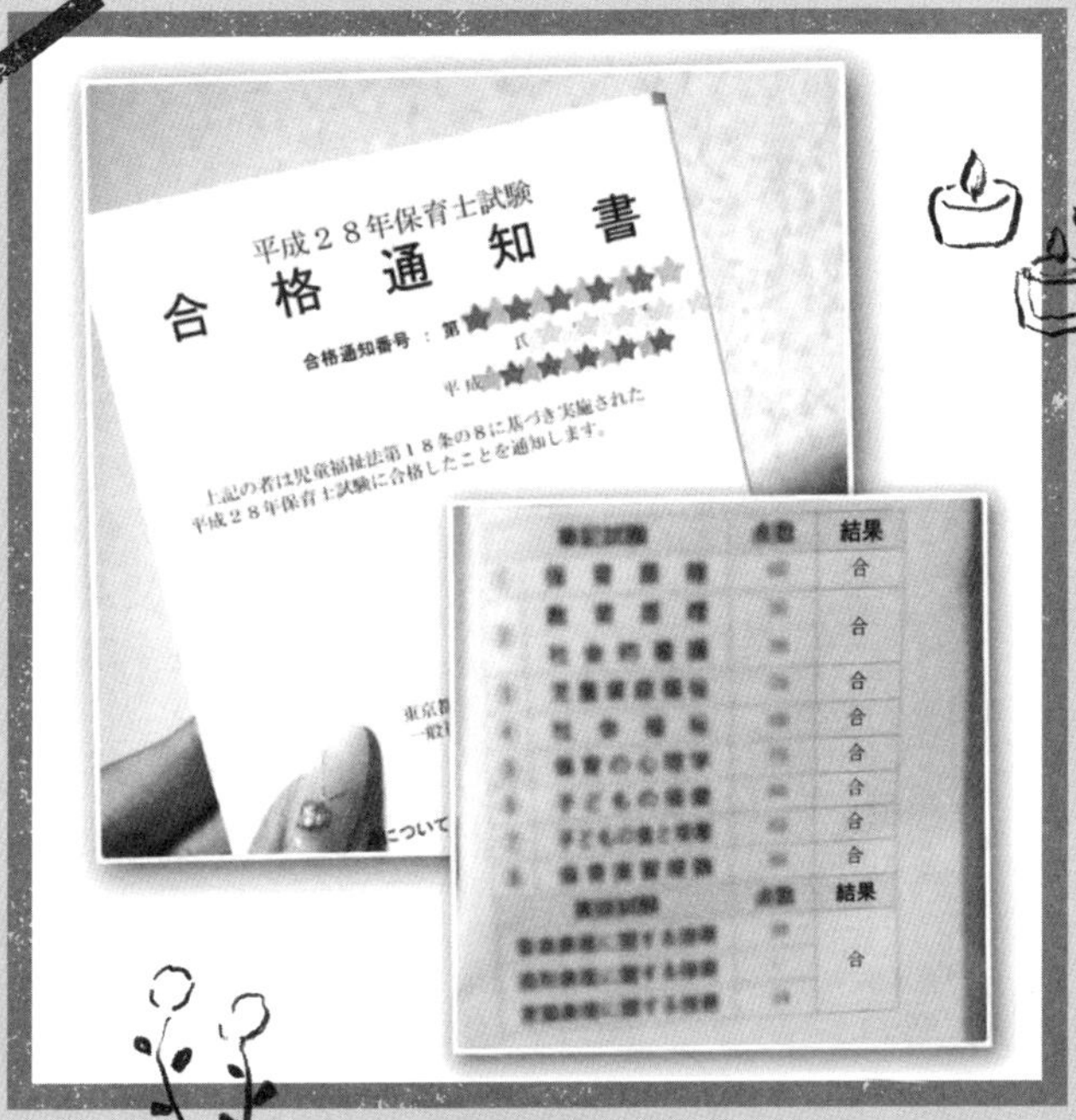

POINT

サロン勤務をしながら保育士を目指していたスタッフは、
見事、試験に合格した。
現在の夢は保育スペース併設のネイルサロン。

おわりに ―― 客単価アップを目指した本当の理由

本書では、客単価を上げ、ワンランク上のサロンにする方法を述べてきました。それはもちろん、サロンの売上アップにつながるノウハウであるのですが、実は、私が客単価アップを目指した一番の理由は「スタッフが幸せになれる」と考えたからです。

売上が増え、利益が増えればお給料を上げられるということもありますが、それ以上に、サロンがワンランク上のお客様であふれるようになれば、スタッフがお客様からいろいろ勉強させてもらえると考えたからです。

ネイルサロンでは、スタッフが1人のお客様と1対1の対面で2時間前後、話をします。なので、お客様にこのスタッフは本当に自分のことを大切に考えているかを、すぐに見透かされてしまいます。

しかし、大事にしてくれているとわかったとき、ワンランク上のお客様は、逆にスタッフのことを大事にしてくれるのです。

2章6項でも書いたように、「あなた若いのにしっかりしているね」とスタッフを褒めてくれたり、何か新しい取り組みを始めると「それ、いいね」とすぐに気づいてくれます。時には、スタッフを本気で叱ってくれます。

私たちは、ワンランク上のお客様から本当に成長させてもらえています。こんなに幸せなことはありません。

そして、スタッフは恩返しの意味もあり、ワンランク上のお客様にもっと感動していただこう、もっと幸せな気持ちになっていただこう、もっと特別感を味わっていただこうと、あの手この手といろいろ考えるのです。

当社には「MH金（＝Make Happiness、スタッフが考えた造語）なるものがあります。各スタッフ、1カ月決まった額を、お客様に感動や幸せを届けるために自由に使えるというものです。

実は、人を感動させる時、感動させる側が一番感動するものです。感動を届ける直前など、もうワクワクが止まりません。

結局は、お客様から感動をいただき、スタッフが幸せな気持ちにさせてもらっている、ということです。

このような幸せな高単価サロンを実現させたのは、誰でもないスタッフです。
みんな仲が良く、いつまでも素直で、常に楽しそうに笑顔でいるスタッフを見て、一番幸せなのは、実は私なのかもしれません。
改めて、スタッフに心から「ありがとう」を伝えます。

最後に、本書を書くことになったきっかけをつくってくださった、編集・ライターの長谷川華さんと、企画から編集まで大きな力を貸していただいた同文舘出版の戸井田歩さんに心より御礼申し上げます。

株式会社ＲＣＰ代表取締役　由雄顕一

著者略歴

由雄 顕一（よしお けんいち）

株式会社 RCP 代表取締役、一般社団法人ネイルグランプリ理事長、一般社団法人全日本業界活性化団体連合会理事

証券会社勤務を経て、2003年より「ネイルR」というブランド名で、東京・神奈川でネイルサロンやネイルスクールを5店舗運営。低価格サロンとは一線を画した経営手法に定評がある。最近はスタッフの意識改革等のセミナー講師も務め、好評を博している。美容サロン向けのコンサルティングも行ない、他サロンでも客単価アップを実現。一般社団法人ネイルグランプリ理事長として、ネイル業界の健全なる発展とネイリストの地位向上を目指している。

■ ネイル R
http://nail-r.art.coocan.jp/

■ 一般社団法人ネイルグランプリ
http://www.ngra.jp/

■ 講演・セミナーのお問い合わせ
nail-r@nifty.com

客単価3割アップ!
「ワンランク上のサロン」のつくり方

平成30年10月10日　初版発行

著　者 —— 由雄顕一

発行者 —— 中島治久

発行所 —— 同文舘出版株式会社

東京都千代田区神田神保町 1-41　〒101-0051
電話　営業 03（3294）1801　編集 03（3294）1802
振替 00100-8-42935

©K.Yoshio

ISBN978-4-495-54007-4
印刷／製本：萩原印刷　Printed in Japan 2018

JCOPY ＜出版者著作権管理機構 委託出版物＞

本書の無断複製は著作権法上での例外を除き禁じられています。複製される場合は、そのつど事前に、出版者著作権管理機構（電話 03-3513-6969、FAX 03-3513-6979、e-mail: info@jcopy.or.jp）の許諾を得てください。

仕事・生き方・情報を　DO BOOKS　サポートするシリーズ

あなたのやる気に１冊の自己投資！

お客様が 10 年通い続ける 小さなサロンのとっておきの販促

安売りも集客もしないでリピートされる実例を紹介

向井邦雄著／本体 1,800円

開業から客単価10倍・リピート率98%！　予約が取れない繁盛サロンが、常識を超えた販促術を公開。安売りも集客もせずに「集客の悩み」に終止符を打つ、お客様をワクワクさせる販促ノウハウ！

"来てほしいお客様"で溢れる！ 「サロン集客」の教科書

お金をかけずに、お客様とつながろう！

阿部弘康著／本体 1,600円

「クーポン目当てのお客様」よりも「リピーターになるお客様」を狙おう！　ブログ、SNS、HP、チラシ、POP、DM、店頭看板……お店のウリをしっかり伝えて、いいお客様に恵まれる集客ノウハウ&事例

愛される サロンオーナーの教科書

サロン経営で幸せに成功する方法

下司鮎美著／本体 1,600円

オーナーの成長＝サロンの成長！　自分らしさを活かして「選ばれる」から「引き寄せる」サロンになるための経営マインド&スキルの磨き方を紹介。現役オーナーが教える、リアルな悩みを解決する具体策

同文舘出版

本体価格に消費税は含まれておりません。